Curso Completo de Carpintería

Curso Completo de Carpintería

Chris Simpson

Traducción de
Pablo Ripollés y Rosa Cifuentes

ACENTO
EDITORIAL

© Quarto Publishing, 1994
© Acento Editorial, 1997
Joaquín Turina, 39
28044 Madrid
Comercializa: CESMA, SA
Aguacate, 43 - 28044 Madrid
ISBN: 84-483-0164-1
Fotocomposición: Grafilia SL
Impreso por Star Standard
Industries (Pte) Ltd
8/10 Gul Lane
Jurong Town
Jurong Industrial Estate
Singapur 629409

Editor senior: Kate Kirby
Editor copy: Pamela Hopkinson
Editor senior arte: Mark Stevens
Diseño: Steve McCurdy y Tony Paine
Ilustración: Rob Shone
y Kuo Kang Chen
Planos: David Kemp
Fotografías: Paul Forrester
Responsable ilustración: Giulia
Hetherington
Documentación: Susannah Jayes
Dirección editorial: Sophie Collins
Dirección de arte: Moira Clinch

En las ilustraciones de algunos trabajos
prácticos se indican las medidas tanto
en milímetros como en pies y pulgadas,
atendiendo al posible uso de herramientas
que contemplen ambas unidades.

Índice de materias

3 Curso de grado medio

4 Curso superior

Cómo utilizar este libro

La ebanistería se aprende, fundamentalmente, construyendo muebles. Lo único que hacen todos los profesores y manuales del mundo es proporcionar información. Para aprender de verdad, hay que ponerse manos a la obra. La premisa de la que parte este libro es que cualquiera puede aprender las técnicas necesarias, y adquirir la destreza suficiente, para crear muebles hermosos y funcionales. Está estructurado en cuatro partes: unas nociones básicas, un curso elemental, un curso de grado medio y un curso superior.

ACERCA DEL LIBRO

Éste no es de esa clase de libros que se leen de un tirón para luego dejarlos olvidados en cualquier estantería. Es un manual de uso, lleno de instrucciones y consejos prácticos. A medida que lo lea, trate de verlo como un profesor que le está hablando, un profesor al que podrá recurrir una y otra vez.

Nociones básicas

Si nunca ha realizado ningún trabajo de carpintería, empiece por aquí.

Esta primera parte del libro está dedicada a la presentación de los distintos materiales y herramientas. Aprenderá a distinguir tipos de madera, conocerá sus usos específicos y se hará una idea de la diversidad de materiales manufacturados disponibles hoy en día. En ella se describe también el equipo básico de herramientas manuales, explicando el uso de cada una y su mantenimiento.

No obstante, si ya tiene alguna experiencia en el terreno de la carpintería, encontrará en esta sección un valioso punto de referencia.

Curso elemental

Esta parte del libro comienza ofreciendo información general para interpretar los dibujos de trabajo y comprender los principios del ensamblado de la madera; dicha información le será muy útil a la hora de realizar cualquier proyecto de carpintería.

Las secciones técnicas le enseñarán nuevos procedimientos para que los vaya aplicando progresivamente en los distintos módulos. Son las lecciones prácticas. Gracias a sus ilustraciones paso a paso –tan claras y detalladas que le parecerá que tiene un profesor a su lado– aprenderá a medir y marcar la madera, a cortarla, darle formas complejas, ensamblarla y aplicarle acabados.

Llegados a este punto, podrá empezar a construir los primeros muebles: una mesa auxiliar y un estante. Los módulos le guiarán en todos los pasos que hay que dar. Para ello contienen croquis, dibujos a escala, bosquejos en perspectiva del mueble "desmontado" y una serie de fotografías que muestran las sucesivas etapas que se deben seguir en el proceso de fabricación.

Curso de grado medio

La información se amplía ahora, dando paso a herramientas eléctricas y los materiales

INFORMACIÓN GENERAL

Información práctica

Datos específicos para presentar herramientas y materiales. Probablemente tenga que volver sobre esta parte una y otra vez, repasándola para refrescar la memoria y profundizar en sus conocimientos a medida que vaya avanzando el curso.

Información teórica

Estos apartados perfilan los principios básicos que rigen las distintas facetas de la carpintería. Aclaran la razón de ser de las diversas tradiciones existentes, el motivo de que determinados ensambles funcionen mejor en unos casos que en otros y el porqué del método seguido en la construcción de los muebles.

Información complementaria

El cuadro de referencias cruzadas indica dónde buscar más datos sobre el tema.

MÓDULOS

Objetivos del proyecto
En cada módulo aprenderá muchas cosas; en este apartado se presentan resumidas las técnicas y procedimientos principales.

Herramientas necesarias
En el mismo orden en que las va a utilizar.

Tiempo de ejecución
Es sólo una estimación aproximada de la duración del trabajo.

Puntos clave que debe recordar
Téngalos en cuenta antes de empezar.

Seguridad e higiene
Para que nunca olvide que está trabajando con herramientas y equipos potencialmente peligrosos, se le avisará aquí sobre las precauciones que debe tomar antes de emprender cualquier proyecto.

Elección de la madera
Serie de sugerencias para orientarle a la hora de escoger en el almacén el tipo de madera que más le conviene.

Planos
Los dibujos de trabajo le proporcionarán un modelo detallado de la pieza. Las dimensiones de cada componente permiten localizarlo con facilidad.

Escala
La escala relaciona los bosquejos y dibujos con el tamaño real del mueble que va a cobrar forma en el taller.

Bosquejos en perspectiva del mueble "desmontado"
Muestran claramente cómo están hechos los ensambles y de qué modo se relaciona cada una de las partes con el conjunto.

Detalles
Detalles de determinados ensambles y técnicas de construcción, con objeto de que se entiendan mejor.

Información complementaria
El cuadro de referencias cruzadas indica dónde buscar más datos sobre el tema.

Lista de materiales
Lista de toda la madera –y otros materiales adicionales– que necesitará para terminar el mueble. Las medidas de las piezas vienen expresadas en el sistema métrico decimal.

Dimensiones de la madera de sierra
Medidas de la madera tal como tiene que comprarla en el almacén, simplemente aserrada, de manera que quede un margen para cepillarla.

Número de piezas
Para ver claramente el número de piezas que hay que cortar de cada tamaño.

Dimensiones de la madera cepillada
Tiene que rebajar la madera hasta estas medidas definitivas, cepillándola, antes de empezar a cortar las piezas y darles forma.

Secuencia paso a paso
El autor explica cada una de las actividades que hay que ejecutar a través de una serie de indicaciones claras y concisas, ilustradas con fotografías en color. Casi le parecerá que está trabajando a su lado.

Nº	Madera de sierra	Madera cepillada
2	LATERALES 610 × 280 × 25 mm	560 × 250 × 20 mm
1	TECHO 432 × 280 × 25 mm	380 × 250 × 20 mm
1	PIE 432 × 250 × 25 mm	380 × 235 × 20 mm
1	ANAQUEL 380 × 250 × 20 mm	356 × 230 × 12 mm
2	LARGUEROS DEL BASTIDOR DEL FONDO 610 × 45 × 25 mm	565 × 38 × 20 mm
2	TRAVESEROS DEL BASTIDOR DEL FONDO 406 × 60 × 25 mm	356 × 50 × 22 mm
	LISTÓN DE LA PARED 305 × 45 × 12 mm	280 × 35 × 10 mm
1	PANEL DEL FONDO tablero manufacturado de aproximadamente 480 × 305 × 6 mm	

+ cinta adhesiva, acabado, cola, clavijas, tornillos y material para la superficie del tablero (230 × 230 × 6 mm)

manufacturados, así como a las diferentes técnicas que hay que aplicar. A medida que avance irá adquiriendo cada vez mayor destreza y podrá afrontar trabajos de más envergadura, que implican la construcción de cajones y sillas.

Junto a los métodos manuales tradicionales se ofrece lo mejor de las técnicas modernas, basadas en la maquinaria y las herramientas eléctricas.

Curso superior

A estas alturas ya debería ser un carpintero experto, capaz de enfrentarse a la construcción de armazones complicados y listo para aumentar su pericia realizando proyectos de ebanistería fina. En esta parte del libro se explican técnicas avanzadas para chapear, dar forma, curvar y laminar la madera, brindándole la oportunidad de ponerlas en práctica en los últimos módulos: dos cajas decorativas y un sillón. Si ha trabajado los anteriores a conciencia y por orden, éstos no deberían plantearle ninguna dificultad; recibirá una orientación tan esmerada y detallada como siempre.

TÉCNICAS

Secuencia paso a paso

Cada nueva técnica se explica mediante una demostración completa, a base de ilustraciones y textos muy claros. Tendrá que practicar estas actividades una y otra vez hasta dominarlas; en ellas se cimentará su pericia como carpintero.

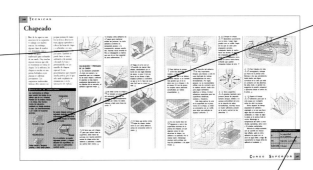

Recuadros

Siempre que necesite una información o explicación adicional, la encontrará en un recuadro de este tipo; su objetivo es ayudarle a entender mejor la técnica que está aprendiendo, o a ejecutarla más eficazmente y conocer mejor las distintas alternativas posibles.

Información complementaria

El cuadro de referencias cruzadas indica dónde buscar más datos sobre el tema.

DISEÑO

Introducción

Presentación de las características fundamentales del diseño del mueble planteado en el módulo, así como de los avances más notables en ese campo.

Ejemplos profesionales

Las variantes que se ofrecen de cada mueble tienen por objeto inspirarle en su trabajo, mostrando la diversidad de enfoques de los diseñadores profesionales.

Diseños alternativos

Cada mueble puede variar de muchas maneras, así que el propósito de estas ilustraciones es alimentar su creatividad y ampliar sus conocimientos sobre las distintas posibilidades del diseño.

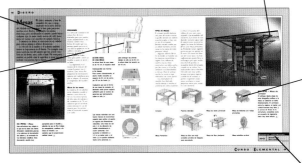

Principios de ergonomía

Las ilustraciones muestran la relación que el cuerpo humano guarda con los muebles. La ergonomía se ocupa de cuestiones esenciales relacionadas con las dimensiones del mobiliario y su seguridad, comodidad y facilidad de uso, aspectos todos ellos que los ebanistas deben tener en cuenta.

Información complementaria

El cuadro de referencias cruzadas indica dónde buscar más datos sobre el tema.

LA SEGURIDAD ES LO PRIMERO

Tomando una serie de precauciones razonables no tienen por qué ocurrir accidentes en el taller. Cuando se conocen, los peligros se pueden evitar mediante la adopción de prácticas sensatas y saludables en el trabajo; en cambio, la ignorancia lleva a la persona a hacerse daño. La seguridad radica, fundamentalmente, en utilizar el sentido común y pensar las cosas de antemano. También es importante acostumbrarse a mantener la actitud adecuada hacia las herramientas: una mezcla de respeto y prudencia.

Herramientas manuales

- Los métodos de trabajo han evolucionado; ahora los cortes se efectúan lejos del cuerpo. Recuerde esto y no corra riesgos inútiles.
- Tenga siempre las herramientas bien afiladas.

Herramientas eléctricas portátiles

- Mantenga siempre las manos alejadas de las hojas de sierra y cuchillas en marcha.
- Lea las instrucciones detenidamente.
- Emplee el tiempo necesario en examinar la herramienta –siempre desconectada de la corriente– para ver bien cómo es y cómo funciona.

Maquinaria eléctrica

Sea consciente de que su manejo es potencialmente peligroso; no corra riesgos y planifique el trabajo cuidadosamente.

- Use siempre listones de empuje.
- Utilice siempre los protectores de seguridad suministrados con las máquinas.
- Recuerde que la hoja de sierra o la cuchilla puede atrapar la pieza que está trabajando y arrojarla violentamente contra usted.

Protección

- Siempre que sus ojos estén expuestos a algún peligro, póngase gafas protectoras, monogafas o una pantalla facial.
- Lleve cascos protectores para los oídos cuando utilice máquinas ruidosas.
- Proteja sus pulmones utilizando una mascarilla o una pantalla facial.
- Use un extractor de polvo conectándolo a las máquinas.
- Ventile bien el taller al terminar el trabajo.
- Algunos adhesivos y acabados dañan la piel, así que póngase guantes o crema protectora siempre que sea necesario.

El taller

- El orden es esencial.
- Mantenga despejada el área de trabajo.
- No fume.

- Limpie con regularidad el local de polvo y desechos con objeto de prevenir los incendios.
- Instale un detector de humos.
- Ponga un extintor de incendios en lugar bien visible.
- Tenga a mano un pequeño botiquín de primeros auxilios para cortes y rasguños de poca importancia.
- Incluya en él un par de pinzas para extraer astillas.

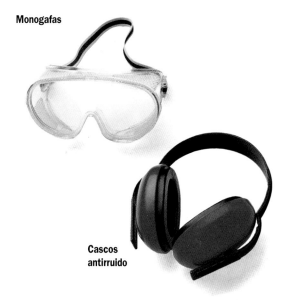

Monogafas

Cascos antirruido

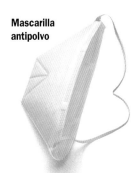

Mascarilla antipolvo

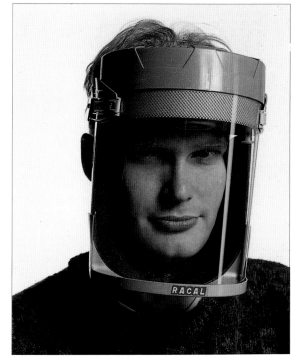

Pantalla facial

1 Nociones básicas

Personas de toda índole y condición se sienten atraídas por los placeres que proporciona el ejercicio de la carpintería: hombres y mujeres, viejos y jóvenes, gente dedicada a muchos trabajos y profesiones diferentes. ¿Qué es lo que tanto nos atrae a todos de esta artesanía? La madera es limpia y natural, agradable y cálida al tacto; nuestros esfuerzos al elaborarla se ven recompensados con la obtención de unos objetos que, además de ser muy útiles, constituyen un deleite para la vista. Es un material suministrado por la naturaleza, ecológicamente seguro. La madera perdura, y los muebles construidos con ella a menudo se convierten en una herencia de familia que se transmite de generación en generación. El manejo de herramientas de calidad es un placer en sí mismo, y dominarlo es uno de los aspectos más gratificantes de esta actividad; la destreza, la maestría, hace que uno se sienta realizado. En este curso se presentan distintas maderas y materiales, y se dan detalles acerca de una serie de herramientas y de su modo de empleo: todo ello constituye la información básica que necesita antes de ponerse manos a la obra. Disfrute aprendiendo y practicando; y, por supuesto, disfrute de los resultados.

La naturaleza de la madera

La madera es un material natural; tanto su carácter intrínseco como su agradable tacto constituyen un verdadero estímulo para quienes la trabajan, animándoles a dominar el oficio. Para desarrollar una labor eficaz y al mismo tiempo gratificante es esencial conocer bien sus características de antemano.

EL CRECIMIENTO DE LOS ÁRBOLES

Los árboles son organismos vivos muy beneficiosos para la humanidad: oxigenan el planeta y proporcionan al hombre refugio y toda una variada serie de productos.

Absorben agua a través de las raíces y dióxido de carbono por las hojas, que después liberan oxígeno. Los nutrientes que producen durante este proceso se distribuyen por todo el sistema.

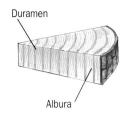

Duramen

Albura

Duramen y albura

Por el duramen –la madera situada en el centro del tronco– circula poco alimento; es el soporte estructural del árbol. La región exterior, o albura, es la que transporta los nutrientes. En algunas especies sólo se aprovecha el duramen para los trabajos de carpintería y ebanistería, ya que la albura es más blanda y más propensa a los ataques de hongos e insectos; en cambio, hay otras en las que se aprecian menos diferencias entre ambas partes, a no ser su color. ▲

Crecimiento anual

El árbol crece cada año en grosor, en altura y extensión de la copa. En el eje del tronco está el núcleo central o médula, que son los restos del arbolillo a partir del que creció el árbol actual. Luego viene una serie de anillos anuales; cada uno representa un ciclo de crecimiento, normalmente de un año. Los radios medulares tienen una disposición radial horizontal desde el centro hacia la periferia. La nueva madera se forma sobre la parte externa de la capa de *cambium*, y el líber y la corteza, además de brindar protección, aseguran el crecimiento anual. ◀

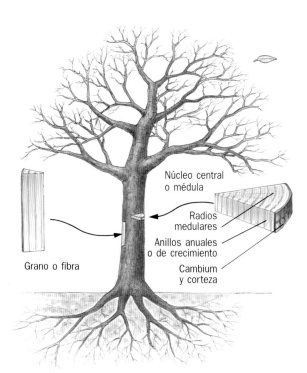

Núcleo central o médula

Radios medulares

Anillos anuales o de crecimiento

Cambium y corteza

Grano o fibra

MADERAS BLANDAS Y DURAS

Estos términos suelen inducir a confusión, puesto que se refieren más al grupo botánico del árbol que a las características físicas de su madera. Algunas maderas "duras" son muy blandas –la de balsa, por ejemplo–, mientras que algunas maderas "blandas" son bastante duras: el tejo, desde el punto de vista botánico, es una madera blanda.

Maderas blandas

Las maderas blandas proceden de las coníferas, árboles que en lugar de hojas tienen agujas que no suelen caer durante el invierno. Esta clase de madera está compuesta de traqueidas, un tipo de células en el que cada una se comunica con las adyacentes, –gracias a los orificios de sus paredes– para transmitir alimento y agua. Las maderas blandas también pueden tener vasos o poros, pero generalmente se trata de conductos para la resina. ▼

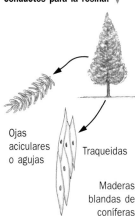

Ojas aciculares o agujas

Traqueidas

Maderas blandas de coníferas

Vasos o poros de la madera dura

Hoja ancha

Maderas duras de árboles de hoja caduca

Porosidad circular

Porosidad difusa

Maderas duras

Las maderas duras proceden de árboles de hoja caduca; es decir, en los que, en los climas templados, las hojas caen cada invierno. La estructura del árbol está compuesta de una serie de largos vasos o poros tubulares que permiten el transporte de agua y nutrientes en sentido vertical. Los radios medulares llevan el alimento en dirección horizontal, hacia la periferia. La madera dura puede tener porosidad circular o difusa. Los árboles con porosidad circular presentan claros anillos anuales que señalan las estaciones, mientras que aquellos con porosidad difusa viven en áreas donde el crecimiento tiene lugar durante todo el año. ▲

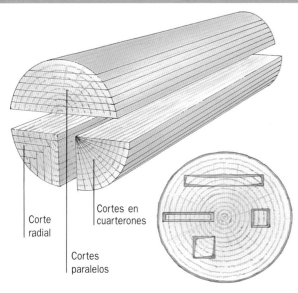

Corte
radial

Cortes en
cuarterones

Cortes
paralelos

Corta y troceado de la madera

La madera es extraída del bosque talando el árbol y cortándolo en trozos denominados rollizos, en su mayor parte procedentes del tronco. Por regla general, el material de las ramas no puede aprovecharse de este modo, ya que a menudo presentan torsiones y tensiones estructurales. El rollizo se convierte después en tableros. Para ello, se emplean diferentes tipos de despiece.

DESECACIÓN

La madera recién cortada tiene todavía un exceso de agua en sus poros y células que hay que eliminar; es decir que, antes de poder usarla, tiene que secarse o curarse para que la humedad que contiene se reduzca a un nivel aceptable. Para maderas que se vayan a emplear en el exterior, el contenido de humedad más apropiado es aproximadamente del 16 por ciento. Sin embargo, si se van a utilizar en interiores,

El más sencillo es efectuar una serie de cortes paralelos de un extremo al otro del rollizo. Sin embargo, los primeros y los últimos tablones, o costeros, suelen arquearse a medida que se secan porque los anillos anuales (que son tangenciales, casi paralelos a las caras del tablero) tienden a enderezarse. En cambio, la madera obtenida mediante un despiece radial es muy estable, por lo que el corte radial o en cuarterones es frecuente. ▲

debe rebajarse al 8 por ciento, o incluso más en algunos casos.

El método tradicional es la desecación al aire libre. Los tableros obtenidos en el despiece del rollizo se apilan por el mismo orden en el exterior, protegiéndolos con algún tipo de cubierta. Por regla general, con este sistema se tarda un año por cada 25 mm de grosor de la pieza; la humedad sólo se reduce aproximadamente al 16 por ciento, por lo que si

la madera ha de utilizarse en interiores hay que secarla artificialmente.

El método moderno de desecación se basa en el empleo de hornos. Los tablones se colocan apilados por orden encima de unos carros especiales y se introducen en el horno, una gran estufa en donde la temperatura y la humedad se controlan con toda precisión. El ciclo de secado empieza con un nivel de humedad alto, que se va reduciendo paulatina y cuidadosamente para conseguir que la madera se seque al ritmo adecuado; si no, podría echarse a perder.

Otro método desarrollado recientemente, empleado con frecuencia por los torneros y tallistas

Apilamiento de los tableros

Una vez cortados los tableros es necesario apilarlos en el mismo orden en que se cortaron, separándolos entre sí con unos listones intermedios para permitir que circule el aire. Dichos listones, denominados rastreles, se tienen que situar siempre verticalmente unos encima de otros. ▲

para piezas pequeñas de maderas exóticas y valiosas, consiste en sumergirlas en glicol de polietileno (GPE), que transforma químicamente la humedad.

DEFECTOS DE LA MADERA

Algunos tipos de madera tienen una resistencia natural a los ataques por hongos e insectos (por ejemplo, la teca), mientras otros requieren un tratamiento con productos específicos para su conservación. Como norma general, no use madera en condiciones húmedas en lugares donde pueda ser atacada.

Los defectos pueden deberse a una tala inadecuada, a una desecación deficiente o a que el grano de la madera sea irregular, lo que causa problemas a la hora de trabajarla. Los tableros pueden tener grietas, fendas y acebolladuras, o presentar curvamientos y alabeos. En algunos tipos de madera (sobre todo en las blandas), cuando el tablón tiene todavía corteza adherida en un borde es conveniente eliminar tanto ésta como la albura, puesto que atraen a las plagas. Los nudos muertos constituyen un problema por su tendencia a desprenderse; siempre se deben evitar cuando la pieza esté destinada a usos estructurales. En determinados tipos de madera, en cambio, los nudos vivos contribuyen a realzar su belleza gracias a su singularidad.

PROPIEDADES DE LA MADERA

En algunas maderas el grano es recto y uniforme, pero es frecuente encontrar grano irregular: puede ser cruzado o en espiral, cuando su dirección gira alrededor del eje del árbol, o entrelazado, cuando las espirales siguen direcciones distintas. Los granos cruzados y entrelazados son difíciles de serrar, cepillar y acabar, de ahí la expresión *a contrahílo* (trabajar en dirección opuesta al grano). Se trabaja al hilo cuando se hace en la dirección del grano.

Se habla de dibujo o veteado para describir la apariencia de una madera en función de sus características naturales: la dirección en que discurre el grano o fibra, la diferencia de crecimiento entre madera temprana y tardía, la distribución del color, la presencia de rasgos distintivos especiales tales como nudos y ondas o bucles; todo esto contribuye a conferir un aspecto interesante a la madera. En cuanto a su textura, fluctúa entre la fina o densa, cuando las células son pequeñas y poco espaciadas, y la abierta o basta, en la que las células son grandes.

INFORMACIÓN COMPLEMENTARIA

134-135 | Chapas

TIPOS DE MADERA

Hay muchas maderas diferentes y, como se distribuyen por todo el mundo, seguro que encontrará en su localidad alguna que sirva bien a sus propósitos. La muestra que se expone a continuación es la que habitualmente se encuentra en las zonas donde prospera la industria del mueble.

Maderas blandas más comunes

Generalmente, las maderas blandas se emplean en la construcción y en la carpintería de taller, pero las que son de calidad no deben considerarse en absoluto inferiores a las maderas duras. Tienen sus propios usos específicos. Sin embargo, la nomenclatura se presta a confusión, ya que los nombres vulgares no siempre indican la clasificación botánica exacta.

PINO SILVESTRE (género Pinus)

También conocido como secoya europea. Se trabaja razonablemente bien y tiene un veteado muy interesante. Su color se desarrolla con la edad y es una de las maderas blandas más atractivas.

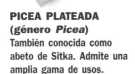

PINO OREGÓN (género Pseudotsuga)

Se usa en la construcción.

PICEA PLATEADA (género Picea)

También conocida como abeto de Sitka. Admite una amplia gama de usos.

CEDRO DEL LÍBANO (género Cedrus)

Se trabaja bien. Su principal atractivo es el aroma, que ahuyenta a las polillas. Se emplea en revestimientos de armarios roperos.

TEJO (género Taxus)

Resistente y dura, es difícil de trabajar, pero es la más bella de las maderas blandas. Muy buena para ebanistería fina.

Maderas duras más comunes

La siguiente selección de maderas se ha dispuesto sin tener en cuenta su lugar de origen, ya que será el color lo que primará en la elección.

ROBLE (género Quercus)

De textura basta y grano recto, presenta anillos anuales muy marcados.

FRESNO (género Fraxinus)

Madera resistente, flexible y de grano recto, es buena para el curvado y admite acabados muy atractivos.

ARCE (género Acer)

Madera dura, de textura fina y grano recto. Se usa para muebles y en suelos.

HAYA (género Fagus)

Madera de grano recto, de textura fina y lisa, que se trabaja bien y es buena para el curvado al vapor. Suele usarse en muebles, especialmente en sillas.

SICOMORO (género Platanus en EE UU, género Acer en Europa)

Madera de textura fina, generalmente de grano recto (cuando es en "dorso de violín", se emplea mucho para la fabricación de instrumentos musicales). De color claro, admite bien los tintes.

CEREZO AMERICANO (género Prunus en Estados Unidos)

Madera dura, de textura fina y grano recto; su colorido es muy atractivo y se usa mucho en ebanistería.

CAOBA (género Swietenia)

Madera de textura media que en general se trabaja bien. Existen muchas especies: las ligeras y de color claro, fáciles de trabajar, y las que son más oscuras y pesadas, que requieren más esfuerzo.

NOGAL (género Juglans)

Buena para trabajar, los mejores tableros tienen un color precioso y un grano muy bueno. Es magnífica para trabajos finos.

TECA (género Tectona) Substitutos: Iroko (género Chlorophora) y Afrormosia (género Pericopsis)

Tiene textura basta y tacto aceitoso. Buena para trabajar, aunque bastante dura, por lo que tendrá que afilar a menudo las herramientas. Se utilizó mucho en los años 50 y 60 para fabricar muebles nórdicos con un simple acabado al aceite.

PALISANDRO (género *Dalbergia*)

Madera dura y pesada, se trabaja regular. Es muy cara. Se usa para pequeños trabajos delicados, adornos de incrustación y chapas.

ÉBANO (género *Diospyros*)

Madera muy dura y densa, difícil de trabajar. Tiene un color próximo al negro.

PADAUK (género *Pterocarpus*)

Madera dura y pesada que se trabaja bastante bien. Al cepillarla o cortarla, tanto el serrín y las virutas como la superficie aparecen de color rojo encendido, pero su exposición a la luz hace que viren rápidamente a un marrón oscuro.

Maderas especiales

Algunas maderas son muy estimadas para usos específicos.

BOJ (género *Buxus*)

Madera de textura fina, densa y pesada. Se emplea para mangos de herramientas de calidad.

JELUTONG (género *Dyera*)

Madera blanda y fácil de trabajar, buena para modelaje y talla.

PALO SANTO (género *Guaiacum*)

Madera muy dura y pesada, de grano entrelazado y denso. Difícil de trabajar, es una de las más pesadas y resistentes. Se emplea en la fabricación de mazos, poleas y cojinetes.

TABLEROS MANUFACTURADOS

Los tableros manufacturados deben su existencia a los avances tecnológicos en el campo de los adhesivos y las resinas sintéticas. Generalmente son inertes, de modo que el movimiento o "trabajo" de la madera –sus contracciones y dilataciones– ya no constituye un problema.

Contrachapado: Consiste en un número impar de chapas o láminas de madera –denominadas hojas– encoladas entre sí. Cada capa se dispone con el grano en dirección transversal respecto a las adyacentes. El contrachapado se vende normalmente en tableros de 1,22 × 2,44 m; suele tener una chapa decorativa en una o ambas caras, lo que le ahorrará mucho trabajo a la hora de revestir grandes superficies. Se fabrica utilizando diferentes tipos de adhesivos: para el contrachapado de interiores se usa la cola de urea (derivada de las resinas aminoplásticas de urea y formaldehído), mientras que en el náutico se emplea la cola fenólica (resinas fenólicas, a base de fenol y formaldehído) o adhesivos compuestos de resorcina.

Contrachapado de tres hojas: Se utiliza comúnmente para la construcción de fondos de cajones y de armarios; su grosor varía entre los 3 y los 6 mm. Cuando la chapa central es más gruesa que las caras, se denomina núcleo o alma.

Contrachapado multihoja: Disponible en una amplia gama de grosores, se emplea mucho en la construcción de muebles.

Chapa de abedul: Se usa para trabajos especiales y de calidad, especialmente en laminados. Presenta muy buen aspecto cuando se aplica un acabado a las caras.

Tableros de alma maciza: Son similares al contrachapado, excepto en que el núcleo está constituido por una serie de listones de madera. Hay dos tipos, en función de la anchura de los listones centrales: en las planchas de ebanista oscila entre los 6 y los 25 mm, y a veces más; las planchas de listones o laminares generalmente tienen listones de 6 mm o menos. Estas últimas son las más estables, pero también las más caras.

Tableros de partículas o aglomerados: Se fabrican a partir de virutas de madera encoladas con resinas sintéticas. Se emplean mucho en la industria del mueble y los hay de varias calidades.

Tableros de fibra: Por regla general, hay que rematar los bordes con un cubrecantos. Puede hacerse mediante un regruesado del tablero con un listón o moldura de madera maciza, o encolando tiras de chapa. El tablero de fibra de densidad media (DM) ha sido creado especialmente para muebles, puesto que sus cantos se pueden trabajar y alisar (a mano o a máquina) y admite directamente la aplicación de cera o de un acabado.

INFORMACIÓN COMPLEMENTARIA

134-135 | Chapas

Herramientas manuales básicas

Las herramientas que se describen en esta sección constituyen el equipo básico necesario para emprender los proyectos planteados en el libro. Los útiles de carpintería y ebanistería son instrumentos de precisión; su compra, almacenamiento y uso son operaciones que deben realizarse con todo cuidado si se desea que duren.

LA COMPRA

Compre siempre las mejores herramientas que pueda permitirse, es falso pensar que resulta más económico comprar las más baratas. El precio es una buena guía orientativa, pero más importante aún es que las examine detenidamente; así comprobará los diferentes grados de calidad.

Aunque siempre es preferible comprar herramientas de marcas de confianza, en esta fase de su aprendizaje no se deje tentar por la compra de costosas herramientas especializadas hechas a mano, o de antigüedades: son para artesanos expertos.

Almacenamiento

Incluso el equipo más básico supone una considerable inversión, así que para mantener las herramientas en las mejores condiciones posibles lo primero que hay que tener en cuenta es cómo y dónde se van a guardar.

En carpintería, el cajón o caja de herramientas tradicional tiene una tapa con bisagras y una serie de bandejas, con un gran depósito en el fondo.

Sin embargo, es fácil que las herramientas se pierdan en el fondo; a menos que tenga ya una caja de este tipo, opte por los sistemas de almacenamiento modernos.

El método elegido por el autor consiste en una

especie de armario con puerta. El interior está equipado con cajones, siendo de poca altura los superiores y de mayor cabida los de la parte inferior. De esta forma, las herramientas se pueden agrupar según su cometido.

No obstante, este diseño también plantea algunos problemas, puesto que no encontrará sitio para las herramientas largas a no ser que el armario sea muy grande.

Si dispone de un taller seguro y seco el mejor sistema, con mucho, es colgar las herramientas en unos tableros montados en la pared. Cada una tendrá su propio lugar, con el contorno dibujado de algún modo para ver rápidamente si está o no en su sitio.

Banco de trabajo

El banco de carpintero es una de las primeras cosas que va a necesitar.

Debe ser robusto, y lo suficientemente pesado para que no se mueva mientras cepilla o corta una pieza. Es conveniente asegurarlo al suelo o a una pared.

El tornillo de banco es una de sus piezas esenciales. Necesitará al menos uno de los que se describen a continuación.

El tornillo clásico tiene unas mandíbulas de madera que se aprietan dando vueltas a una palanca que hace girar un vástago de metal roscado. Los bancos de carpintero que se encuentran en el mercado suelen venir ya con uno instalado en el frente y otro en un extremo.

Los tornillos metálicos son más grandes; necesitará uno de buen tamaño, con mandíbulas de 23 cm como mínimo y que puedan abrirse hasta 30,5 cm. Los mejores disponen de una palanca para aflojar rápidamente el mecanismo del tornillo. Debe revestir las mandíbulas con madera dura para que no dañen la pieza que esté elaborando.

1. Regla biselada de acero

Una regla recta, biselada por uno de los lados y de aproximadamente 1 m de longitud por 5,6 cm de ancho y 5 mm de grosor, es muy útil tanto para marcar con el cuchillo como para comprobar la rectitud de los cantos de las piezas.

2. Reglas graduadas de acero

Tienen que tener divisiones muy claras para poder medir con precisión. Conviene disponer de una corta de 15 cm, otra de 30 cm y una larga de 60 cm.

Metro de carpintero plegable

Son muy populares, además de necesarios para medir cualquier pieza de más de 1 m. Aunque resultan inadecuados para trabajos pequeños y delicados, son útiles para marcar la madera antes de realizar una medición más precisa.

3. Escuadra

Se utiliza para marcar y comprobar ángulos rectos. Algunas tienen la parte interior del talón cortada a 45 grados, por lo que sirven también para marcar ingletes.

Métodos de almacenamiento
No siempre es fácil tener las herramientas a mano. ▲

Los cajones sirven para agrupar las herramientas según su cometido. ▲

Cuelgue las herramientas de manera que cada una tenga su propio sitio. ▲

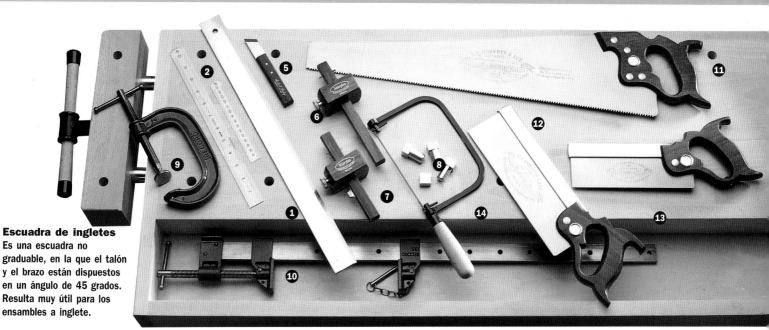

Escuadra de ingletes

Es una escuadra no graduable, en la que el talón y el brazo están dispuestos en un ángulo de 45 grados. Resulta muy útil para los ensambles a inglete.

4. Lápiz
Se utiliza para hacer el primer marcado.

5. Cuchillo de marcar
Se emplea en trabajos delicados y para marcar las líneas antes de cortar o escoplear.

6. Gramil de marcar
Consta de un brazo, provisto de una aguda punta de acero en un extremo, a lo largo del cual se desliza una guía o

cabezal que se fija a la distancia deseada mediante un tornillo de mariposa. Sirve para hacer marcas paralelas al borde de una pieza. A veces es posible encontrar (o construirse uno mismo) un gramil de tableros; es igual, pero de gran tamaño, y se utiliza para marcar tableros anchos.

7. Gramil de escoplear
Tiene dos puntas de acero, una de las cuales es deslizante para ajustar la distancia entre ambas. La guía o cabezal también es ajustable. Por tanto, sirve para hacer marcas paralelas entre sí y al borde de una pieza, por lo que se emplea sobre todo para el marcado de cajas y espigas.

8. Topes de banco metálicos
Encajan en unos orificios distribuidos a intervalos

regulares por la superficie del banco, y se apoya contra ellos la pieza que se esté trabajando. Puede usarlos también junto con el tornillo del extremo del banco para sujetar o prensar piezas.

9. Sargentos
Los hay en una amplia gama de tamaños; son muy útiles tanto para sujetar la pieza que esté elaborando como para prensar las partes de una estructura durante el proceso de montaje y encolado.

10. Tornillos de apriete
Se usan principalmente para prensar las piezas en el ensamblado y encolado, pero también pueden emplearse para sujeción.

11. Sierras de hender
Las sierras de hender sirven para cortar la madera al hilo, mientras que los serruchos

de tronzar son para cortarla de través. Los dientes de las primeras están afilados para que actúen como escoplos; en los segundos, son como pequeñas cuchillas que seccionan las fibras.

Su primera compra, sin embargo, debería ser un serrucho para tableros (o de doble uso) que pueda usar tanto para cortar al hilo como de través.

Serruchos de costilla
Estos serruchos llevan un refuerzo de acero o latón a todo lo largo del borde superior de la hoja para mantenerla recta. Los necesitará de dos clases.

12. Sierra de espigas
Es el modelo tradicional de serruchos de costilla. De 30,5 a 35,6 cm de longitud, es un instrumento de uso universal para toda clase de cortes precisos de través.

13. Sierra para colas de milano
Típicamente de 20 a 25 cm de largo, se usa para trabajos finos así como para cortar ensambles en cola de milano.

14. Segueta
Se utiliza para cortar curvas. La hoja, de dientes muy finos, se mantiene en tensión gracias a la curvatura del arco de metal; haciendo girar la segueta, se puede cortar en cualquier dirección hasta el fondo del arco.

INFORMACIÓN COMPLEMENTARIA	
9	La seguridad es lo primero
20-23	Mantenimiento de las herramientas
50-53	Herramientas manuales especializadas
76-77	Herramientas eléctricas portátiles

Cepillos de desbastar

Los cepillos de desbastar sirven para alisar la madera, reduciéndola a las dimensiones requeridas de anchura o espesor. También se utilizan para enderezar tableros y tablas, escuadrar cantos y extremos e igualar ensambles y superficies antes del acabado. Existen tres tipos principales.

15. Cepillo de alisar

Se usa para conseguir una superficie lisa antes de aplicar el acabado. Sin embargo, como sólo alcanza 25 cm de longitud, muchas veces no sirve para aplanar una superficie larga.

Garlopa

La garlopa, entre 35,5 y 45,5 cm de longitud, es un buen cepillo de uso universal que se emplea para efectuar un primer alisado, para igualar ensambles o para dar el cepillado definitivo.

16. Juntera

Tiene de 51 a 61 cm de longitud. Es ideal para aplanar tableros y tablas, enderezar cantos largos y para la obtención de superficies planas en general.

Necesitará varios tamaños diferentes de cepillos. Compre en primer lugar una garlopa, luego un cepillo de alisar y por último una juntera.

17. Cuchilla de carpintero

Es una pieza de acero templado, generalmente rectangular, de 10×6 cm y 1,5 mm de grosor. Los dos bordes largos están afilados para producir una rebaba de metal que corta virutas muy delgadas. Las cuchillas también pueden tener forma curva para pulir superficies de este tipo.

18. Rasqueta de ebanista

Tiene una doble empuñadura de acero y una base para que la hoja de la rasqueta se mantenga en la posición correcta y en el ángulo apropiado durante el trabajo.

19. Formón de sección rectangular

Los formones con hojas de sección rectangular son muy resistentes y de uso universal.

20. Formón de bordes biselados

Es más ligero y menos resistente, ya que los lados de la hoja están biselados para facilitar su manejo en esquinas o en lugares de difícil acceso.

Comience adquiriendo un pequeño surtido de formones de bordes biselados de 6, 12 y 20 mm de ancho; ya comprará luego de otros tamaños a medida que los vaya necesitando.

21. Escoplo de mortajas

Estos escoplos son fuertes y pesados para aguantar bien los golpes del mazo. Se emplean para hacer cajas o rebajos profundos. Su tamaño varía entre los 6 y los 12 mm.

22. Mazo

El mazo no se usa sólo para escoplear cajas; también es muy adecuado para encajar ensambles golpeándolos suavemente.

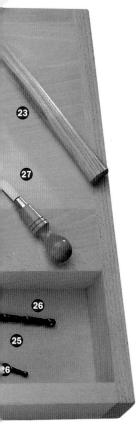

25. Brocas de abocardar o avellanar

También las hay para berbiquíes. Por su parte, las barrenas helicoidales son útiles para perforar agujeros largos y profundos.

26. Taladradora de mano y brocas helicoidales

Para trabajos delicados, es mejor que el berbiquí. Las brocas helicoidales para metal son útiles para perforaciones pequeñas; sin embargo, a la hora de hacer agujeros de 6 mm o más, utilice brocas helicoidales de centrar, pues son más fáciles de usar en la madera.

27. Destornilladores

Es imprescindible contar con un surtido de tamaños; para empezar, compre al menos tres o cuatro distintos.

28. Piedra de aceite

Es fundamental tener una piedra de aceite para mantener afiladas las herramientas cortantes. Si es usted principiante, compre una combinada: tienen dos caras de diferente textura. Escoja una de textura media por una cara y fina por la otra. Moje la superficie con aceite lubricante durante su uso.

23. Martillo de cuña, o de peñas

Se utiliza principalmente para clavar puntas; le será sumamente útil para realizar los proyectos de muebles que se exponen en este libro.

24. Berbiquí de trinquete y barrenas

El berbiquí se usa generalmente en obras de cierta envergadura y admite barrenas de diferentes tamaños y tipos; las más comunes son las de centrar. Necesitará por lo menos de 6, 8, 10, 12 y 20 mm.

Abrasivos

Emplee los abrasivos para preparar la madera antes de aplicar el acabado o bien para darle forma, especialmente a la hora de redondear o matar esquinas y aristas. El papel de lija tiene distintos grados en función del tamaño de las partículas abrasivas: el más fino es el 600, y el más grueso el 50. Se puede usar directamente a mano o en lijadoras eléctricas. Para conseguir un buen pulido, vaya bajando el grosor del grano en los sucesivos lijados, si bien las superficies cepilladas o acuchilladas normalmente sólo requerirán lijas de grado fino. Si quiere que el acabado de la madera sea perfecto, lije suavemente las superficies con papeles de grado muy fino entre capa y capa, ya sean éstas de cera, pintura, laca o barniz.

TIPOS DE PAPEL DE LIJA

Papel de vidrio molido: Se emplea en maderas blandas y en trabajos de pintura, pero no es adecuado para labores delicadas.

Papel de granate: Es un buen abrasivo que deja las superficies muy lisas. Existe en el mercado en grados muy finos, para lijar tanto a mano como a máquina.

Papel de óxido de aluminio: Tiende a ser más duro que el de granate y suele usarse en lijadoras eléctricas. Dura más tiempo, pero no se logran con él unos acabados tan buenos.

Papel de carburo de silicio: Los trabajadores del metal lo emplean para lijar "al agua", pero los fabricantes de muebles prefieren utilizar un tipo especial autolubricante, que se usa en seco y es ideal para bruñir acabados finales. Su dureza lo hace muy adecuado para tableros manufacturados, que suelen ser difíciles de lijar por su alto contenido en pegamentos.

LANA DE ACERO

La hay de distintos grosores. La más fina se usa para el alisado entre las sucesivas capas de acabado o para aplicar cera.

Grados de papel de lija			Aplicaciones
muy grueso	50	1	desbrozar y dar forma en basto
	60	1/2	
grueso	80	0	dar forma a mano o con lijadora de cinta, de disco u orbital
	100	2/0	
medio	120	3/0	dar forma y acabado a mano o con lijadora de cinta, de disco u orbital
	150	4/0	
	180	5/0	
fino	220	6/0	acabado a mano o a máquina
	240	7/0	
	280	8/0	
muy fino	320	9/0	acabado a mano final, matado de aristas afiladas y lijado entre capas sucesivas de laca o barniz
	360		
	400		
	500		
	600		

Mantenimiento de las herramientas

Todas las herramientas de carpintería necesitan un mantenimiento continuo. Las cortantes acaban embotándose con el uso; una herramienta embotada, además de manejarse peor, es peligrosa. Los formones, escoplos y cepillos nuevos también requieren un afilado antes de utilizarlos por primera vez para que corten como una navaja de afeitar.

Mantenga limpios todos los útiles de trabajo, y trate de que cada uno tenga un sitio en el taller donde guardarlo sin que reciba golpes ni se estropee. Humedezca las hojas, cuchillas y demás partes metálicas con una fina capa de aceite para impedir que se oxiden.

Las herramientas de calidad son caras, e incluso el equipo más básico supone un desembolso sustancioso; pero, si las mantiene bien afiladas y las conserva como es debido, además de disfrutar manejándolas le durarán toda la vida.

AFILADO: RECTIFICADO Y ASENTADO DEL FILO

El filo de las cuchillas de los cepillos y gramiles de cortar, así como el de la hoja de los escoplos y formones, tiene que rectificarse en una muela abrasiva para luego asentarlo en una piedra de afilar.

● En general, hay dos clases de muelas: las que se lubrican con fluido (agua o aceite) y las que no. No es conveniente utilizar los discos de afilado en seco de alta velocidad, ya que es muy probable que se sobrecaliente la hoja y se eche a perder tanto el temple del acero como la propia herramienta. Si se ve obligado a utilizarlos, enfríe el extremo de la herramienta sumergiéndolo en agua con mucha frecuencia. Es preferible usar muelas que lleven incorporado un depósito de lubricante-refrigerante. Las hay de dos tipos: muelas eléctricas con una piedra circular horizontal, y discos verticales de baja velocidad.

● Emplee una piedra de afilar para el afilado y asentado del filo. Hay varios

tipos diferentes, pero para empezar basta con una piedra sintética de óxido de aluminio o de carburo de silicio, lubricándola con aceite ligero para maquinaria. Necesitará varios grados de dureza; tenga en cuenta que existen en el mercado piedras combinadas, así que sería conveniente que comprara una de grado medio por una cara y fino por la otra. Cuando tenga más experiencia como carpintero, tal vez sea el momento de plantearse adquirir alguna de las alternativas a las piedras sintéticas que existen en el mercado. Las piedras naturales de Arkansas son unas excelentes piedras de aceite. Las piedras de agua de Japón se presentan en una amplia variedad de grados de dureza, pero también están las piedras de afilar de polvo de diamante.

● Cuando el medio lubricante es el aceite, es necesario mantener la superficie limpia. Después de un uso prolongado, la piedra acabará embotándose y

necesitará una limpieza con parafina. En cuanto a las piedras de agua, antes de usarlas hay que sumergirlas en este elemento hasta que se saturen; deben conservarse húmedas durante su empleo.

● Para el asentado final del filo, después de haber utilizado una piedra de aceite, emplee un asentador de cuero con pasta de asentar, polvo fino de carborundo o colcótar para obtener un filo que corte como una navaja de afeitar.

● Si la superficie de la piedra se queda cóncava tras su uso reiterado, puede rectificarse frotándola sobre un cristal plano con polvo de carborundo como agente abrasivo. (Tome nota de esto a la hora de rectificar o aplanar la base de un cepillo; en esencia, se trata de la misma técnica).

para trabajar suavemente con un cepillo metálico, compruebe con una regla si la base está totalmente recta. Si se trata de una herramienta de calidad debería ser así, pero en caso contrario aplánela frotándola sobre una placa de cristal en la que previamente habrá dispuesto una capa de polvo de carborundo. Es un proceso largo y laborioso, pero al final tendrá una herramienta puesta a punto como es debido.

AFILADO DEL HIERRO
Algunas maderas embotan el hierro de los cepillos con mucha rapidez; en las más difíciles de trabajar, tendrá que afilarlo cada diez minutos poco más o menos. Pero incluso con la mejor de las maderas, seguirá haciendo falta detenerse a afilar la cuchilla más a menudo de lo que cabría esperar en un principio.

Los hierros de los cepillos normalmente están afilados con dos ángulos: un primer bisel de 25 grados o ángulo de afilado, que teóricamente no necesitará repasarse durante algún tiempo, y un bisel secundario de 30 grados, o ángulo de asentado, que probablemente habrá que repasar (asentar) antes de iniciar cada trabajo y que requiere un afilado periódico.

La cuchilla debería cortar como una navaja de afeitar; para conseguir que esté lo más afilada posible, emplee en primer lugar una piedra de aceite y luego un asentador de cuero con un poco de polvo de carborundo muy fino, o con colcótar. En este punto de su

MANTENIMIENTO, MONTAJE Y AJUSTE DE LOS CEPILLOS
Los modernos cepillos metálicos son herramientas de precisión que requieren un ajuste minucioso de la cuchilla (también llamada hierro) cada

vez que se desmonta para afilarla. Aun cuando esté bien montada y en su sitio, puede descolocarse por el simple manejo o por algún golpe contra el banco.

Proteja el hierro retrayéndolo cada vez que

guarde el cepillo en su sitio. Tumbe éste de costado sobre un estante o dentro de su caja. Engráselo de vez en cuando con un trapo humedecido con aceite para impedir que se oxide.

Si encuentra dificultades

aprendizaje debería poder comprobar a simple vista y notar al tacto la agudeza de un filo. Sin embargo, ponga mucho cuidado para no cortarse cuando compruebe el filo con la yema del dedo.

Cuando se compra por primera vez un cepillo, merece la pena desmontarlo cuidadosamente para familiarizarse con las diversas partes que lo componen y con su manejo.

Al igual que con cualquier herramienta nueva, es conveniente dedicar un poco de tiempo a ponerlo a punto: suavizar la empuñadura, eliminar cualquier rebaba o aspereza que haga incómodo su uso, etc.

Partes de un cepillo

1. Cuña
2. Palanca de la cuña
3. Contrahierro superior
4. Cuchilla o hierro
5. Tornillo de freno del contrahierro superior
6. Contrahierro inferior
7. Tornillo de ajuste de la cuña
8. Palanca de ajuste lateral
9. Palanca de ajuste de la profundidad
10. Tuerca de ajuste de la profundidad
11. Base
12. Empuñadura
13. Empuñadura frontal
14. Boca

Cómo desmontar y afilar el hierro de un cepillo

1 Para extraer el hierro, levante la palanca de la cuña; de este modo dejará de hacer presión sobre aquél y podrá extraer la cuña. ▶

2 Extraiga el hierro junto con el contrahierro superior, afloje el tornillo de freno que los mantiene unidos y saque este último. ▶

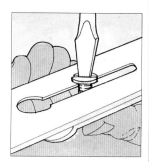

3 Para afilar el hierro, sujételo con firmeza y frote el lado biselado contra una piedra de aceite, hacia adelante y hacia atrás, manteniendo un ángulo de ataque de aproximadamente 30 grados. Compruebe antes que la otra cara del hierro está perfectamente plana y recta. ▶

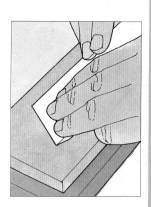

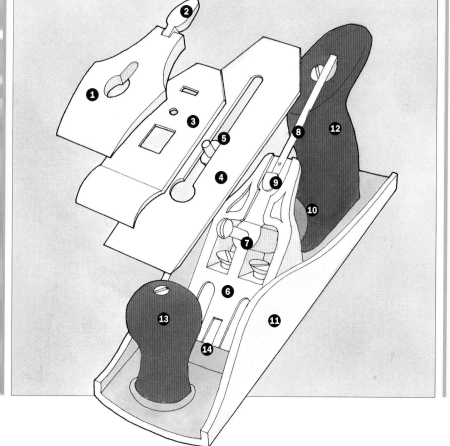

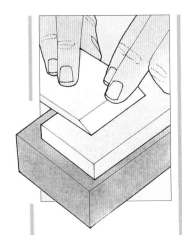

4 En la cara plana del hierro habrá aparecido ahora una rebaba de metal; elimínela cuidadosamente colocándolo horizontalmente sobre la piedra, con el bisel hacia arriba, y dando unas cuantas pasadas. Repita el proceso de asentado y eliminación de la rebaba. Para conseguir un filo de navaja de afeitar, dé unas pasadas finales en un asentador de cuero. ▲

Cómo montar de nuevo el hierro y ajustar el cepillo

1 Encaje perpendicularmente el contrahierro superior sobre el hierro, introduciendo el tornillo de freno por la ranura. Para evitar que se estropee el filo, aleje el contrahierro del borde cortante y gírelo hasta dejarlo en posición; luego deslícelo hacia adelante hasta situarlo aproximadamente a 1 mm del bisel del hierro. Cuanto más cerca esté el contrahierro del filo, más fino será el corte. ▼

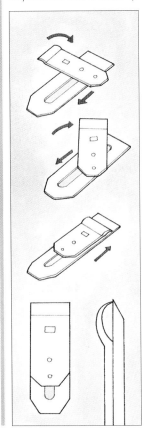

2 Cerciórese de que el contrahierro superior y el hierro encajan herméticamente para impedir que se introduzcan virutas entre ambos. Introduzca con cuidado el conjunto en el cepillo y fíjelo en su sitio mediante la cuña. ▶

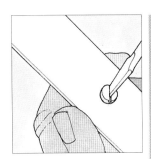

3 Sostenga el cepillo boca abajo y horizontalmente, al nivel de la vista, y observe la base en sentido longitudinal para comprobar cuánto sobresale la cuchilla. Emplee la palanca de ajuste lateral, moviéndola de un lado a otro, hasta que el filo quede paralelo a la base. ▶

4 Para aumentar la profundidad de corte, haga salir el hierro girando la tuerca de ajuste de la profundidad. El filo debería verse como una delgada línea negra contra la base del cepillo. Para trabajos finos, apenas debe ser visible. ▶

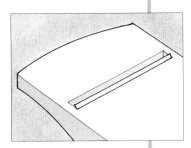

MANTENIMIENTO Y AFILADO DE FORMONES Y ESCOPLOS

Al igual que el hierro de un cepillo, las hojas de los formones y escoplos tienen un ángulo de afilado y otro de asentado. Los fabricantes suelen suministrar estas herramientas con un bisel de 25 grados; por regla general, deberá usted asentar el borde cortante con un segundo bisel de 30 o 35 grados, y conservar el afilado repasándolo periódicamente con una piedra de aceite.

Proteja los escoplos y formones guardándolos cuidadosamente mientras no los use, ya sea en un colgador de pared –si dispone de espacio para ello– o envolviéndolos en un trapo.

Afilado de la hoja de un escoplo o formón

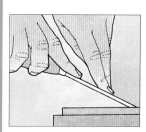

1 Sostenga la hoja en el ángulo correcto y muévala hacia adelante y hacia atrás a todo lo largo de la piedra de aceite. Ejerza presión cuando la desplace hacia adelante, y afloje cuando lo haga hacia atrás. ▲

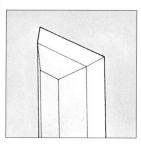

2 El filo no debe perder su perpendicularidad respecto al eje de la hoja. Cada pocas pasadas, cerciórese de que el bisel se está formando uniformemente y pase la yema del pulgar por el reverso de la hoja para comprobar al tacto si aparece una rebaba. ▲

3 Si es así, elimínela frotando el reverso de la hoja horizontalmente contra la piedra. Repita el proceso de asentado y eliminación de la rebaba, como en el caso del hierro de un cepillo, y dé unas pasadas finales en un asentador de cuero. ▼

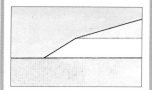

4 Cuando afile una hoja estrecha, es importante que la desplace por la piedra haciendo figuras en "ocho" para utilizar toda la superficie y no dejar surcos en ella; tenga cuidado de no clavar las esquinas de la hoja. Si es muy estrecha, afílela en el canto de la piedra. ▼

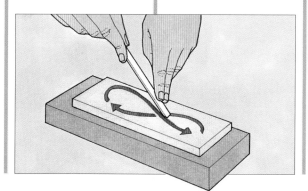

MANTENIMIENTO DE LAS SIERRAS Y SERRUCHOS

Si el serrucho está bien afilado, no se necesita ejercer presión contra la madera para cortarla, mientras que uno embotado trabaja con lentitud y tiende a desviarse de la línea de corte, pudiendo quedar atascado e incluso doblarse si se le fuerza. Los serruchos son herramientas difíciles de afilar para un aficionado. Los profesionales de la materia han necesitado mucho tiempo y práctica para llegar a dominar el oficio; muchos carpinteros prefieren confiarles sus sierras antes que afilarlas ellos mismos.

Las hojas de algunos serruchos modernos tienen dientes reforzados; duran bastante más que las tradicionales, pero no se pueden volver a afilar.

Por su parte, las hojas de las seguetas son desechables; se deben sustituir en cuanto se embotan.

Tanto si usa serruchos tradicionales como de dientes reforzados, prolongue la vida de sus hojas guardándolas limpias, lubricándolas de vez en cuando con un trapo humedecido con aceite y almacenándolas en lugar seguro mientras no las utiliza para que no se estropeen.

Proteja los dientes introduciéndolos en un protector de plástico preparado al efecto; si es posible, cuelgue cada sierra por separado a cierta altura en una pared del taller.

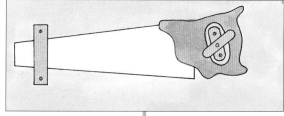

Cómo colgar las sierras y serruchos

1 La mejor manera de colgar un serrucho es instalar en la pared un taco de madera que encaje en el hueco de la empuñadura y provisto de una palanca giratoria. Una vez colgado el serrucho, se gira la palanca para impedir que se caiga. ▲

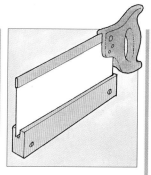

2 Para proteger la hoja, los serruchos corrientes necesitan un "puente" de madera que sujete el extremo, mientras que los de costilla se colocan con los dientes introducidos en la ranura de un listón de madera atornillado a la pared. ▲

Información complementaria	
9	La seguridad es lo primero
24-25	Cepillado
26	Escopleado
26-27	Aserrado

Cepillado

El cepillado prepara la madera para marcar y cortar los ensambles, además de alisar su superficie y dejarla lista para recibir el acabado. El hierro del cepillo debe estar tan afilado como una navaja de afeitar, y cuidadosamente ajustado para que las virutas que arranque tengan el grosor requerido; es decir, sin que la cuchilla profundice excesivamente o demasiado poco. El cepillado es un procedimiento que requiere práctica para llegar a dominarlo. Prepárese a pasar bastante tiempo para hacerse con la herramienta y aprender las técnicas de afilado, ajuste y manejo de la misma.

Secuencia del cepillado
A la hora de obtener la escuadría de una pieza de madera, hay una serie de pasos consecutivos que se deberían seguir siempre: cepillar primero una cara (cara vista) y luego un canto longitudinal (canto visto) a escuadra con la anterior; después, marcar con el gramil el ancho de la pieza y cepillar –o cortar y cepillar– el otro canto hasta la línea; por último, cepillar la otra cara para obtener el grosor deseado. El corte de los extremos de la pieza, para reducirla a su longitud exacta, se deja para más tarde.

Elección del cepillo
Con los cepillos largos se consigue un trabajo más preciso, ya que pasan sin dificultad por encima de las zonas prominentes de la madera, rebajándolas gradualmente hasta que la superficie queda plana y se extraen virutas enteras a todo lo largo de la pieza. Los cortos, por su parte, se ciñen mejor al perfil de la superficie. Los cepillos de alisar o las garlopas pequeñas son una buena opción a la hora de efectuar la primera compra.

Al principio, y mientras no esté familiarizado con el manejo del cepillo, regule la profundidad del hierro para que corte virutas delgadas; encontrará menos resistencia y controlará mejor la herramienta. Poco a poco vaya ajustando el hierro hasta conseguir extraer virutas largas y uniformes.

CÓMO CEPILLAR UNA PIEZA

1 Escoja la mejor de las dos caras de la tabla, que será la cara vista. Ponga la pieza sobre una superficie horizontal sólida y estable y apóyela contra un tope, o sujétela en un tornillo de banco si es pequeña. Colóquese de pie, los pies algo separados, manteniendo en línea el hombro, la cadera y el cepillo para controlar bien la herramienta. ▼ ▶

2 Procure trabajar con movimientos suaves, presionando de manera uniforme. Al iniciar cada pasada del cepillo, ejerza la presión con la empuñadura frontal. ▶

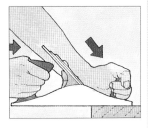

3 Cuando vaya por la mitad, presione con toda la herramienta; al final de la pasada, transfiera la presión a la empuñadura trasera. No levante el cepillo hasta que el hierro haya rebasado el extremo de la pieza. ▶

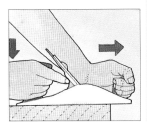

Escuadría de la madera: cepillado de la cara y canto visto, obtención de la anchura y del grosor
Acostúmbrese a cepillar y a comprobar la escuadría y rectitud de las piezas; de poco sirve lo uno sin lo otro. Deténgase con frecuencia para examinar cómo va el trabajo. Tumbe el cepillo de costado cuando no lo utilice. así evitará que el filo del hierro se estropee.

4 Durante el cepillado de la cara vista, deténgase de vez en cuando para comprobar con una regla que la madera está plana a lo ancho, y compruebe con la vista su rectitud a lo largo. ▲

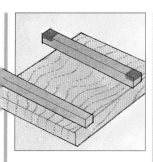

5 Para comprobar con la vista si hay "alabeos" o torsiones, coloque dos listones de madera, uno en cada extremo de la tabla; póngala horizontalmente a la altura de los ojos y mírela en sentido longitudinal para ver si los bordes superiores de los listones están parallelos. ▲

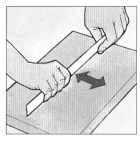

6 Ponga una regla de acero –o cualquier objeto con un borde recto– al hilo de la tabla en distintos puntos para comprobar que la superficie está plana en toda su longitud. Otra alternativa es tumbar de costado el cepillo y emplearlo como si fuera una regla. ▲

Cepillado del canto visto

7 Para cepillar el canto de la madera, apóyela contra un tope o sujétela en el tornillo de banco. Para que el cepillo trabaje sobre un canto estrecho, coloque el pulgar en la parte superior de la base, y doble el resto de los dedos por debajo, para que se deslicen por la cara de la tabla actuando de guía. ▼

8 Emplee la escuadra para comprobar que el canto está en ángulo recto respecto a la cara en toda su longitud. Asegúrese de apoyar bien el talón de la escuadra contra la cara de la tabla y, si es posible, mire a contraluz el punto de encuentro del brazo de la escuadra con el canto de la madera; no debería verse ninguna luz por el intersticio. ▲

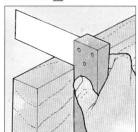

Marcado y cepillado del resto de la pieza

9 Una vez que haya obtenido una cara y un canto bien rectos y a escuadra, póngales la señal de cara y canto vistos. A partir de estas superficies es relativamente fácil dar a la pieza la anchura y el grosor necesarios para su proyecto. ▶

10 Emplee un gramil para marcar la anchura a partir del canto visto. Para ello, mida la distancia en el brazo del gramil y fije el cabezal con el tornillo de mariposa; luego apóyelo bien contra el canto y deslice la punta por la cara vista para trazar la línea.

Déle la vuelta a la tabla para marcar también la anchura en la otra cara; repita con el gramil la operación anterior. Corte y cepille el canto hasta reducir la madera a la anchura deseada, o cepíllelo simplemente si no hay mucha materia sobrante, pero no deje de comprobar con frecuencia que esté recto y a escuadra. ▶

11 Para marcar el grosor de la tabla, deslice el cabezal del gramil contra la cara vista para trazar la línea en los cantos. Proceda luego a cepillar la otra cara hasta las marcas. Como siempre, deténgase a menudo para comprobar que está plana y a escuadra. ▶

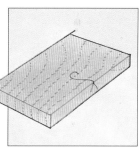

Cepillado de grandes tableros

Para cepillar grandes tablones, o tablas ensambladas, trabaje unas veces al hilo y otras diagonalmente, de forma que cubra bien toda la superficie. Para rematar el trabajo, ajuste la profundidad de corte para obtener una viruta muy delgada y dé pasadas al hilo por toda la superficie de la madera. ▼

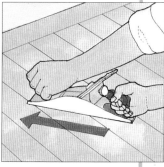

INFORMACIÓN COMPLEMENTARIA	
9	La seguridad es lo primero
16-19	Herramientas manuales básicas
20-23	Mantenimiento de las herramientas
130-131	Cepillado a máquina

Escopleado

Aserrado

Según el tipo de trabajo que ha de realizar, tendrá que desbastar o escoplear en sentido vertical u horizontal. En algunas ocasiones, habrá que eliminar por completo el extremo de una pieza o parte de una cara; en otras, especialmente al hacer encastrados (por ejemplo, para instalar bisagras), sólo necesitará eliminar una pequeña parte de la madera.

Marque siempre una línea de corte y vaya eliminando poco a poco la madera hasta alcanzarla. No intente arrancar grandes trozos de una vez. Como norma general, corte primero a contrahílo para después hacer algunos cortes al hilo, con objeto de evitar que la madera se astille.

Los formones estrechos se controlan mejor, ya que encuentran menos resistencia por parte de la madera.

Sujete la pieza firmemente y, si tiene que atravesarla de parte a parte, coloque debajo algún trozo de madera sobrante para proteger el banco de trabajo.

Cómo sujetar el formón
Siempre hay que coger la herramienta de modo que no pueda hacerse daño, manteniendo en todo momento las manos por detrás del filo. Emplee una mano para guiar la hoja, mientras que con la otra empuña el formón y hace fuerza.

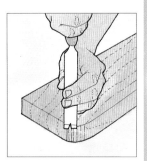

DESBASTADO VERTICAL
Coloque el formón con el bisel hacia afuera. Guíe la hoja con una mano para eliminar pequeñas cantidades de madera cada vez, trabajando hasta la línea de corte; empuñe con la otra la herramienta, alineada con el hombro, presionando con todo el cuerpo.

Cuando trabaje a contrahílo, seccione previamente las fibras con una serie de cortes paralelos para facilitar el trabajo. ▲

DESBASTADO HORIZONTAL
1 Ponga el formón con el filo hacia arriba. Guíe el formón con el pulgar de una mano, colocado sobre la hoja, mientras que con la otra aplica la presión. ▶

2 Si necesita hacer más fuerza, inclínese sobre la pieza y empuje con el tronco. ▶

ESCOPLEADO A MAZO
Los escoplos sólo deben golpearse con un mazo, nunca con un martillo. Normalmente deberían estar lo suficientemente afilados como para hacer su trabajo sin necesidad de golpearlos, aunque los más modernos son lo bastante resistentes como para aguantar los golpes. Por lo general, sólo se debe emplear el mazo con los escoplos de mortajas o los formones de sección rectangular a la hora de tallar cajas o rebajos profundos. ▶

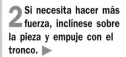

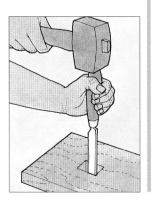

Para serrar correctamente hace falta mucha práctica, pero tenga en cuenta que se requiere precisión, no fuerza. El objetivo es permitir que la sierra trabaje por sí sola. Un buen serrucho debe estar bien equilibrado y cortar suavemente casi por su propio peso. Su misión es guiar la hoja, no hacer fuerza con ella.

Los pasos que se explican a continuación se refieren al corte de través y de parte a parte de una pieza de madera. Cuando vaya a construir ensambles empleará la misma técnica para cortar al hilo o eliminar sólo una parte de la pieza.

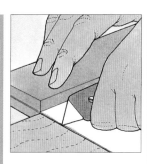

PROCEDIMIENTO GENERAL DE ASERRADO

1 Utilice un lápiz y una escuadra para dibujar en la cara y el canto vistos de la pieza las líneas por donde va a serrar. ▲

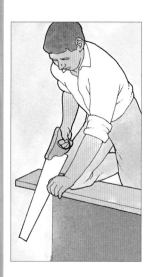

2 Sujete la madera, empuñe la sierra con el dedo índice y colóquese de modo que ésta quede alineada con su brazo y hombro. Inicie el corte con unas cuantas pasadas hacia atrás en la arista opuesta a usted. ▲

3 Tras esas primeras pasadas, cuando ya tenga iniciada una entalla, empiece a dar pasadas más largas y uniformes. No quite ojo de la línea trazada con el lápiz en la cara vista y no lleve el filo de la sierra por encima de ella, sino junto a ella, por el lado sobrante de la pieza. ▼

4 Sierre con movimientos uniformes, y compruebe en todo momento que el corte no se desvía de la línea, tanto en la cara como en el canto, cuando la entalla empiece a descender por él. ▼

ASERRADO DE PRECISIÓN

1 Ahora que ya conoce el procedimiento básico, practique un aserrado más preciso. Utilizando un cuchillo de marcar, trace la línea de corte en las cuatro superficies de la pieza. Inicie el corte en la cara vista por la arista opuesta, tal como se muestra en el paso nº 2 anterior, pero en esta ocasión colocando el canto visto mirando hacia usted. ▶

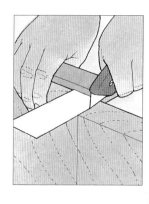

2 Sierre junto a la línea por el lado sobrante, vigilando continuamente para no desviarse. Proceda con cuidado, primero con la sierra inclinada en un ángulo elevado, y luego bájela progresivamente para empezar a cortar de través la cara vista. ▶

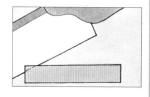

3 Una vez que haya abierto una entalla en toda la cara vista para que la sierra discurra por ella, bájela para empezar a cortar el canto visto. Como podrá comprobar en la ilustración, habrá cortado un triángulo definido por estas dos caras. ▶

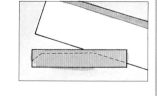

4 El corte del canto opuesto es relativamente fácil porque la entalla guiará la sierra, así que podrá concentrarse en vigilar la línea y comprobar que la hoja no se desvía del corte ya realizado. ▶

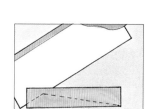

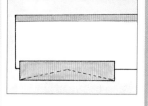

5 Cuando se acerque al final, proceda cuidadosamente con las últimas pasadas. Sujete con la otra mano el extremo de la pieza para que el sobrante no caiga y astille la madera. ▲

2 Curso elemental

Es muy estimulante ver cómo va tomando forma un mueble. Los dos módulos de este capítulo explican la manera de construir bastidores y armazones básicos. El primero de ellos, la mesa auxiliar, es un proyecto ideal para empezar a conocer los ensambles de caja y espiga; el segundo, el estante, le brindará la oportunidad de elaborar por primera vez un ensamble en cola de milano. Ambos proyectos son muy sencillos, pero con ellos aprenderá a dominar las técnicas de preparación, marcado, ensamblado, montaje y acabado de los muebles. Esta experiencia le proporcionará la base necesaria para acometer proyectos de más envergadura. En esta fase del aprendizaje, lo más importante es la constancia. No se preocupe si comete errores; dedíquese a adquirir la técnica, que más tarde le reportará muchas satisfacciones.

Interpretación de los dibujos

Todos los proyectos, excepto los más simples, requieren hacer previamente un preciso dibujo a escala antes de proceder a la fabricación del mueble. Dicho dibujo le permite comprobar las proporciones y dimensiones del mismo, así como los detalles de construcción. Hay una serie de convenciones generales que siguen todos los diseñadores, incluidos los de muebles. Dichas convenciones, una vez asimiladas, agilizan el proceso de dibujo y eliminan cualquier posibilidad de malentendidos entre el diseñador y la persona que hace la pieza.

El estante del Módulo dos se emplea aquí, a modo de ejemplo, para mostrar diversos sistemas y convenciones de dibujo.

PROYECCIONES Y BOSQUEJOS TRIDIMENSIONALES

Casi todos los diseñadores empiezan a trabajar a partir de toscos bocetos, elaborándolos progresivamente hasta conseguir dibujos más detallados y precisos. Aun cuando no tenga ninguna experiencia en este campo, siga el mismo proceso utilizando las convenciones del dibujo y haciendo proyecciones desde distintos ángulos.

Las proyecciones permiten representar en un papel un objeto de tres dimensiones. Esta representación tridimensional del estante "desmontado" es un sofisticado ejemplo de proyección isométrica, pero no por ello deja de atenerse a ciertas convenciones básicas que cualquiera puede seguir con ayuda de una escuadra y un cartabón. Todas las líneas verticales están trazadas verticalmente y las demás están dibujadas con un ángulo de 30 grados en relación con la horizontal.

Bosquejo en perspectiva del mueble "desmontado"

El hecho de mostrar los componentes desmontados permite apreciar los detalles ocultos. Este tipo de dibujos se emplea para empezar a estudiar las proporciones.

Así se pueden desarrollar los detalles estructurales de los ensambles.

Para que el trabajo salga correctamente, el detalle de este ensamble debe dibujarse más tarde a tamaño real.

DIBUJOS A ESCALA

La mayoría de los dibujos deben realizarse a escala para que tengan un tamaño manejable. La escala debe escogerse en función de las dimensiones del objeto y siempre hay que indicarla en el dibujo.

De nuevo, existen convenciones que la mayoría de los diseñadores siguen a la hora de elegir la escala. Para dibujar muebles por separado se suele emplear una escala de 1:5, expresando las medidas en el sistema métrico decimal. Esto significa que 1 cm –o 10 mm– en el dibujo equivale a 5 cm –o 50 mm– en la realidad.

Para muebles de gran tamaño, o habitaciones completas, se utiliza una escala de 1:20.

Los objetos pequeños o los detalles de construcción se representan a tamaño real o incluso más grandes, y los ensambles, molduras y otros detalles suelen dibujarse al margen de los planos del mueble completo. Es bastante frecuente que los dibujos incluyan varios elementos a escalas diferentes.

En lo referente a las dimensiones, para mayor claridad, la convención es escribir cada medida en mitad de una línea que abarque dicha dimensión en su totalidad. Todas las medidas se deberán

Tipos de proyección

En la primera variante de la proyección angular, se imagina el objeto suspendido en el aire por delante de un triedro y se proyecta sobre las tres superficies. ▼

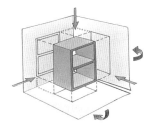

En esta primera variante, si se cortara la esquina inferior derecha por la línea roja y se abatieran las tres superficies, se obtendrían el alzado, el lateral y la planta. ▼

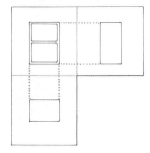

disponer de modo que sean legibles desde la esquina inferior derecha del dibujo, y deben ser lo suficientemente completas como para elaborar las notas de madera a partir de ellas. La primera y tercera variantes de la proyección angular se emplean generalmente para dibujos a escala precisos. Ambas hacen uso de la vista de

En la tercera variante de la proyección angular se imagina el objeto debajo y detrás de un triedro transparente, tal como muestra la ilustración. ▼

Tercera variante de la proyección angular
El tercer sistema de proyección angular es uno de los muchos métodos posibles para trazar un dibujo. ▶

Aquí, la media planta está seccionada por la línea B-B (que se muestra más abajo).

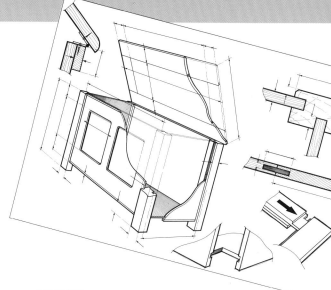

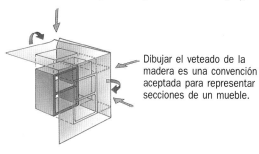

Dibujar el veteado de la madera es una convención aceptada para representar secciones de un mueble.

Se corta la arista del cristal, y se despliega horizontalmente para producir el dibujo. ▼

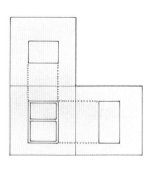

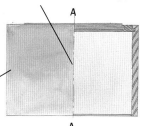

La línea B-B, indicada aquí, se refiere a otros detalles internos que se incluyen en la planta.

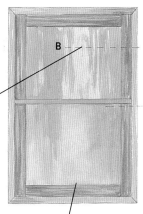

frente (alzado frontal), situando las vistas laterales a su derecha o izquierda, y la planta en la parte superior o en la inferior.

Este detalle aclara el modo en que los componentes del fondo encajan entre sí y cómo se sujeta el estante al listón de la pared. ▶

Las líneas quebradas o interrumpidas indican el punto por donde el dibujo a tamaño real se ha "comprimido" para excluir aquellas partes que no requieren un tratamiento tan detallado.

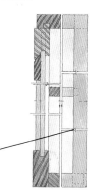

El alzado frontal permite mostrar con exactitud las dimensiones internas y externas.

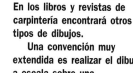

Las secciones muestran los detalles estructurales internos. Esta sección de un alzado lateral se ha obtenido cortando el mueble por el punto medio, o línea A-A.

Otros tipos de planos
En los libros y revistas de carpintería encontrará otros tipos de dibujos.

Una convención muy extendida es realizar el dibujo a escala sobre una cuadrícula, como la que se utiliza en el Módulo ocho (sillón). Resulta particularmente útil cuando los componentes presentan curvas y formas complicadas. Trace una cuadrícula a tamaño real y marque los puntos donde las líneas del dibujo intersectan a las de la cuadrícula.

Otra manera de mostrar cómo encajan entre sí elementos intrincados o de formas complejas es emplear dibujos tridimensionales del mueble seccionado con anotaciones sobre los detalles al margen. ▲

INFORMACIÓN COMPLEMENTARIA	
62-67	**Módulo dos: Estantes**

Ensambles más comunes

En general, los carpinteros tienen que trabajar a partir de grandes tableros. Como el grano de la madera sigue una dirección determinada, los ensambles han evolucionado para adaptarse a sus diferentes configuraciones.

ENSAMBLADO Y ENCOLADO

Dados los avances tecnológicos en el campo de los adhesivos, ¿qué sentido tienen ya los ensambles? Los ensambles han evolucionado con objeto de que su fuerza mecánica sea tan importante como la adición de cualquier cola.

El encolado de testa –la superficie de los extremos de la tabla o listón– no es eficaz; el empalme a tope de dos piezas al largo (por la testa), o el ensamble a tope de una testa con un canto no son resistentes. En cambio, el encolado de dos caras sí lo es. La junta al ancho a tope (es decir, la unión de tablas por sus cantos con cola) da muy buenos resultados, como también el ensamble a tope de un canto con una cara.

El propósito del ensamblado es conseguir al mismo tiempo resistencia mecánica y las mejores condiciones de encolado; es decir, que la superficie encolada cara a cara aumente todo lo posible. En un simple ensamble de horquilla, por ejemplo, el encolado entre los espaldones de la espiga y los laterales de la horquilla no es bueno, mientras que sí lo es entre las caras de la horquilla y de la espiga.

EVOLUCIÓN DE LAS TÉCNICAS DE ENSAMBLADO

Muchos ensambles han evolucionado de la unión conseguida introduciendo y fijando una estaca en un agujero.

Principios del ensamblado

La unión de tablas por sus cantos se puede hacer de dos maneras: una simple junta a tope encolada, o bien una unión consolidada por medios mecánicos (como el machihembrado). ▼

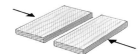

Para las esquinas de un bastidor de madera plano se utilizan ingletes, ensambles a media madera, ensambles de horquilla, clavijas o ensambles de caja y espiga. Si lo va a hacer a partir de un tablero manufacturado, debería procurar cortarlo de una pieza. ▼

Para construir bastidores y armazones en los que algún travesero está unido en T a los largueros, conviene usar ensambles de caja y espiga, pasante u oculta, y llevar o no cuñas de refuerzo. Este sistema no es apropiado en el caso de tableros manufacturados. ▲

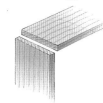

Para las juntas angulares de piezas al largo se emplean ensambles en cola de milano. También pueden resolverse mediante un ensamble reforzado con tiras de chapa. ▲

Para instalar un anaquel, utilice un ensamble por cajeado, sea o no en cola de milano. También puede usar, en el caso de tableros manufacturados, un ensamble a tope reforzado. ▼

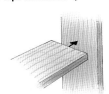

TIPOS DE ENSAMBLES

Junta al ancho a tope

Tradicionalmente, la unión de tablas a tope por sus cantos, para ampliar una superficie, se hacía por frotamiento; con los modernos adhesivos resulta bastante fácil de realizar pero no es muy sólida. ▲

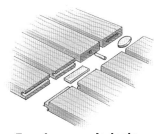

Empalmes por la testa

Se pueden hacer a tope y reforzarlos con tacos planos, clavijas o dobles ranuras y lengüetas postizas, o con machihembrados. Así, las superficies se ajustan con precisión, reduciendo la labor de cepillado. Empléelo para tableros de mesas o paneles de gran tamaño. ▲

Ensamble a inglete

Se debe reforzar con puntas finas o clavijas, o embutir y encolar tiras de chapa o lengüetas postizas. Unas y otras pueden ser de maderas decorativas. Empléelo para marcos de cuadros o bastidores destinados a albergar paneles. ▲

Ensamble a media madera

Es una de las maneras más simples de ensamblar dos piezas en esquina o en T. Puede reforzarse con clavijas. No es muy sólido. Empléelo para pequeños marcos y bastidores de puertas de armario. ▼

Ensamble de horquilla

Consiste en una caja abierta y una espiga; ésta generalmente tiene un tercio del grosor total de la madera, a menos que esté empalmando piezas de diferentes espesores. Empléelo para los travesaños superiores que unen las patas de las mesas. ▼

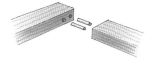

Ensamble con clavijas

Se usa ampliamente como sustituto del ensamble de caja y espiga. Es sólido y fácil de construir. Empléelo para bastidores de armarios, puertas, y tableros y armazones de mesas. ▼

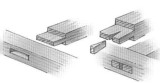

Ensamble de caja y espiga pasante

Variante del ensamble de caja y espiga. Empléelo para bastidores de armarios, para los travesaños inferiores que unen las patas de las mesas o de las sillas, o para bastidores de puertas. ▲

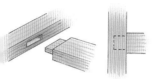

Ensamble de caja y espiga oculta con espaldones

Se usa en ebanistería fina. Es muy rígido y resistente. Empléelo para bastidores de armarios y armazones de sillas. ▲

Ensamble de caja y espiga con cogote biselado

Se emplea cuando la caja está cerca de la testa de una pata o de un montante vertical. Utilícelo para bastidores de armarios y armazones de mesas. ▲

Ensamble de doble caja y espiga reforzada

Se usa para unir un travesaño o peinazo con una pata o montante vertical. Empléelo para armazones de mesas, sillas y bastidores de puertas. ▶

Ensamble en cola de milano vista o sencilla

Sólido y agradable a la vista. Dientes y colas se pueden hacer a máquina. Empléelo para cajones de muebles y cajas. ▶

Ensamble en cola de milano solapada

También llamado de frente de cajón. El grano de la testa de una de las piezas queda oculto. Empléelo para unir frentes a costados. ▶

Ensamble en cola de milano oculta con espaldón

La cola de milano queda escondida. Sólo es visible una fina línea del grano de la testa del listón de colas. ▶

Ensamble en cola de milano oculta con inglete

Ensamble difícil de realizar. Desde fuera parece un ensamble a inglete. Empléelo para construir armarios y cajones. ▶

Juntas angulares de piezas al largo

Para unir dos piezas en ángulo se pueden hacer ensambles a tope atornillados o ingletes reforzados con clavijas. Empléelas para esquinas de armarios y marcos de cuadros. ▶

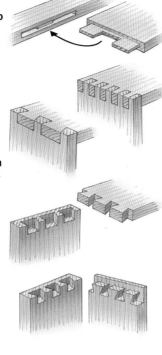

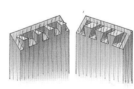

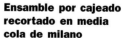

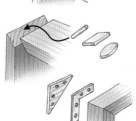

TIPOS DE ADHESIVOS

Cola blanca, o de acetato de polivinilo (PVA)
Es un adhesivo de uso universal muy bueno y práctico. Tiene consistencia cremosa y se vende ya listo para su uso.
- De uso general en interiores
- Para uso en exteriores con ciertas limitaciones
- Disponible en variedades de secado rápido o lento
- Útil tanto para madera como para tableros manufacturados

Cola de urea (resinas aminoplásticas de urea y formaldehído)
Antes de la reciente invención de la cola blanca, se consideraba que estas resinas eran el mejor adhesivo para la carpintería. Se venden, por regla general, en forma de polvo que hay que mezclar con agua. Sin embargo, es preferible la variedad de dos componentes –resina y endurecedor–, ya que en la otra hay que controlar con mucho cuidado la proporción relativa de polvo y agua. El adhesivo debería tener la consistencia de una crema espesa; hay que removerlo bien para evitar que se formen grumos.
- Es el mejor adhesivo para laminados
- De uso en interiores y exteriores
- Útil tanto para madera como para tableros manufacturados

Colas naturales
La tradicional cola animal o de glutina (la clásica cola de carpintero) se sigue utilizando para el chapeado a mano. Por su parte, la cola de caseína (un derivado de la leche) es poco habitual hoy día. Sin embargo, a la hora de restaurar muebles antiguos es muy conveniente el uso de este tipo de colas.
- Restauración de muebles
- Chapeado

Ensamble por cajeado recortado

Tipo de unión fácil de realizar. Que el cajeado sea recortado, es decir, que no sea corrido, hace que no se aprecie su perfil por uno de los lados de la estructura; sólo se verá una línea vertical en el punto de encuentro de las dos tablas. ▶

Ensamble por cajeado recortado en media cola de milano

Es un tipo de unión muy sólida. Empléelo para la instalación de baldas de estantería. ▼

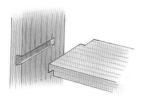

Mesa auxiliar

Las técnicas y procedimientos empleados para hacer esta mesa auxiliar son aplicables a muchos otros diseños que requieren la construcción de un armazón o un bastidor. La mesa tiene un diseño clásico, que no pasa de moda. Su construcción abarca muchos de los procedimientos que constituirán la base de ulteriores proyectos: la selección y despiece de la madera, su medición y marcado, el corte de los ensambles, la construcción de un bastidor con ingletes y, por último, el acabado.

A medida que su equipo de herramientas aumente, tal vez se plantee la posibilidad de utilizar herramientas eléctricas portátiles. En esta fase del aprendizaje, ármese de paciencia y aplíquese a dominar estos procedimientos básicos. El tacto de la herramienta manual es fundamental para entender la naturaleza del material.

OBJETIVOS DEL PROYECTO

Enseñar una serie de técnicas y procedimientos básicos. Corte de precisión y ajuste de una serie de ensambles idénticos.

HERRAMIENTAS NECESARIAS

Tiza, lápiz, metro de carpintero, escuadra, serrucho para tableros, gramil de marcar, cuchillo de marcar, garlopa, serrucho de costilla (sierra de espigas, o una sierra para colas de milano), escoplo de mortajas, formones de bordes biselados, gramil de escoplear, cepillo de rebajar de banco, o un cepillo de espaldón, taladradora y brocas, botador, 4 tornillos de apriete, cuchilla de carpintero, taco de lijar

TIEMPO DE EJECUCIÓN

Si se trata de su primer proyecto, necesitará bastante tiempo para aprender los procesos básicos y adquirir la técnica necesaria; por tanto, prepárese a dedicar todas las horas que sean precisas para conseguir el mejor resultado posible.

PUNTOS CLAVE QUE DEBE RECORDAR

Lea las instrucciones por completo y planifique de antemano el proyecto mentalmente.

SEGURIDAD E HIGIENE

Siga al pie de la letra los consejos de la página 9.

ELECCIÓN DE LA MADERA

La elección se basará en el color, en su facilidad o dificultad de trabajo, en su disponibilidad y en el precio. Las maderas duras son preferibles a las blandas cuando se trata de un primer mueble, ya que éstas no se asierran ni escoplean limpiamente. Para este primer proyecto utilice madera de grano recto. No tendrá que evitar defectos ni desperdiciará demasiado material, y el proceso de marcado se simplificará.

Color

Elija una madera que entone bien con el lugar donde va a colocar la mesa. Entre las maderas claras están el roble europeo, el roble blanco americano, el haya, el arce o el sicomoro. Entre las de tono intermedio están la caoba, la teca, o el roble rojo americano; y, entre las oscuras, el nogal negro americano, el nogal europeo o el palisandro.

Facilidad de trabajo

Escoja una madera que se trabaje bien en todos los aspectos. No debe ser tan blanda que resulte difícil conseguir un aserrado y escopleado limpios, ni tan dura que sea quebradiza. Debería tener el grano denso.

Nº	Madera de sierra	Madera cepillada
4	PATAS 560 × 40 × 40 mm	480 × 30 × 30 mm
4	TRAVESAÑOS SUPERIORES 305 × 50 × 25 mm	240 × 45 × 20 mm
4	TRAVESAÑOS INFERIORES 305 × 40 × 25 mm	240 × 30 × 20 mm
4	LISTONES DEL BASTIDOR DEL TABLERO 406 × 80 × 25 mm	350 × 75 × 20 mm

+ cinta adhesiva, acabado, cola, clavijas, tornillos y material para la superficie del tablero (230 × 230 × 6 mm)

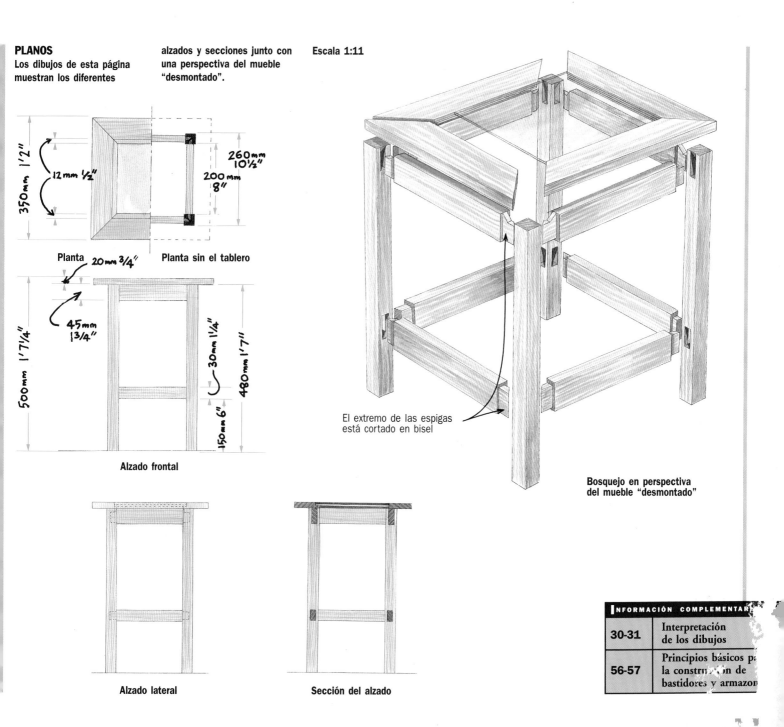

PLANOS
Los dibujos de esta página muestran los diferentes

alzados y secciones junto con una perspectiva del mueble "desmontado".

Escala 1:11

350mm 1'2"
12 mm ½"
260mm 10½"
200mm 8"

Planta 20mm ¾"   **Planta sin el tablero**

45mm 1¾"
500mm 1'7¼"
30mm 1¼"
480mm 1'7"
150mm 6"

Alzado frontal

El extremo de las espigas está cortado en bisel

Bosquejo en perspectiva del mueble "desmontado"

Alzado lateral

Sección del alzado

INFORMACIÓN COMPLEMENTARIA	
30-31	Interpretación de los dibujos
56-57	Principios básicos para la construcción de bastidores y armazones

COMPRA DE LA MADERA

1 Compre madera de sierra. Debe calcular un margen de desperdicio, ya que tiene que cepillarla para darle las dimensiones finales.

La longitud de 24 cm calculada para los travesaños permite dar a éstos una longitud de 20 cm, más los otros 2 cm necesarios para cada una de las dos espigas. Se necesitan dos grosores de madera: 40 y 25 mm. Compre tablas de cada uno de estos grosores para cortar a partir de ellas las piezas de la mesa.

MARCADO Y CORTE DE LAS DISTINTAS PIEZAS

2 Marque con tiza las distintas piezas en la madera de sierra, dejando un margen de desperdicio para los cortes del serrucho. ▼

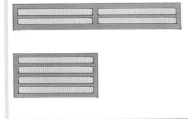

3 Corte las piezas con un serrucho para tableros.

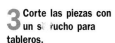

4 Cepíllelas todas y póngales la señal de cara y canto vistos.

MARCADO DE LAS PATAS Y EL ARMAZÓN DE LA MESA

5 Marque las cuatro patas a la vez. Colóquelas con las caras vistas hacia arriba y los cantos vistos mirando hacia usted. Sujételas entre sí con un tornillo de apriete. ▲

6 Marque a lápiz la longitud de las patas y la posición que ocuparán los travesaños. Luego marque la longitud de las cajas.

Los travesaños inferiores tienen un espaldón de 3 mm en el canto superior e inferior. Los travesaños superiores tienen un espaldón del mismo tipo en el canto inferior y un cogote biselado en el superior. Un cogote es un rebajo de la espiga que sirve para que la caja del ensamble no quede abierta, evitando que los travesaños del armazón se salgan de su sitio impidiendo que se alabeen.

7 Sombree la zona donde irá cada caja. A continuación, en la parte superior e inferior de cada pata donde van las cajas, haga con un cuchillo de marcar una línea de corte 3 mm hacia dentro de las líneas a lápiz que indican la posición del travesaño.

TRASLADO DE LAS MARCAS A LOS CANTOS VISTOS

8 Quite el tornillo de apriete para soltar las patas y, con la ayuda de una escuadra, traslade la marca a lápiz de cada cara vista al correspondiente canto visto. A continuación, haga lo mismo con las líneas de corte trazadas a cuchillo, y sombree también a lápiz la parte que hay que eliminar. Así tendrá las cuatro patas con los ensambles señalados en sus dos caras interiores. Complete las líneas de corte en el resto de las superficies.

MARCADO DE LOS LATERALES DE LAS CAJAS CON EL GRAMIL

9 Gradúe las dos puntas del gramil de escoplear para que la distancia entre ambas sea igual a la anchura del escoplo de mortajas. Luego fije el cabezal en la posición adecuada para que las marcas queden bien centradas; tome la medida en el brazo y fije el cabezal, apóyelo en un lateral de la pata, haga unas marcas y cámbielo al otro lateral para comprobar si coinciden, haciendo los ajustes necesarios hasta conseguirlo.

10 Marque los ocho travesaños del armazón de la mesa. Como para las patas, sujete con un tornillo los cuatro superiores y marque la longitud en los cantos con un cuchillo de marcar. Marque la distancia de 20 cm entre espaldones más los 2 cm correspondientes a cada una de las espigas. Después quite el tornillo de apriete. ▼

11 Repita la operación con los travesaños inferiores. Utilice las líneas de corte de uno de los travesaños superiores para marcar las de los inferiores; así se asegurará que las medidas de todos ellos coinciden.

12 Compruebe que el marcado es correcto y traslade estas líneas a las otras tres superficies de cada travesaño. Emplee siempre la escuadra apoyando el talón en la cara o el canto vistos. ▲

13 Corte los travesaños a su longitud exacta. Luego, con las puntas del gramil de escoplear, tome la medida en el brazo del gramil y fije el cabezal para centrar las marcas en los travesaños y marque las espigas. Señale los espaldones y cogotes de los laterales de las espigas con el gramil de marcar. Sombree a lápiz la zona de madera que hay que eliminar.

ESCOPLEADO DE LAS CAJAS
14 Hay que escoplear 16 cajas en las patas. Recuerde que tiene que hacerlo por la línea interior de corte de la espiga, no por la hecha a lápiz que señala la posición del travesaño. ▲

15 Sujete la pieza en el tornillo de banco y vaya escopleando la madera con cuidado de no rebasar las líneas de corte.

16 En las ocho cajas correspondientes a los travesaños superiores, marque la entrada del cogote serrando los extremos superiores de la caja. ▼

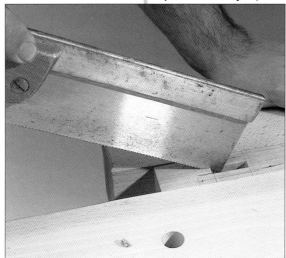

17 Desbaste la madera sobrante para que encaje el cogote. ▼

ASERRADO DE LAS ESPIGAS
18 En los travesaños hay ocho espigas con un cogote superior y un espaldón inferior (más los dos espaldones de las caras) y otras ocho con cuatro espaldones. Sierre hasta los espaldones, procurando no pasarse, en todas las espigas. A continuación, corte la línea oblicua de los cogotes. ▶

INFORMACIÓN COMPLEMENTARIA	
26	Escopleado
26-27	Aserrado
44-46	Cómo hacer un ensamble de caja ʏ espiga

19 Tienda de costado cada pieza y sujétela bien para cortar los espaldones de las espigas. ▼

21 Cuando se va a atornillar un travesaño ancho al tablero de una mesa, hay que escariar los taladros. Si se perfora simplemente un orificio pasante, de modo que la cabeza sobresalga por la parte inferior del travesaño, habría que emplear tornillos muy largos. Por tanto, hay que hacer un agujero más ancho que la cabeza del tornillo, pero sólo hasta una determinada profundidad del travesaño; la cabeza quedará entonces embutida a una profundidad predeterminada, por lo que se pueden emplear tornillos más cortos.

Marque cuidadosamente el centro, perfore el orificio pasante para el tornillo y haga el escariado hasta la profundidad requerida. ▼

TALADRADO DE LOS ORIFICIOS DE LOS TORNILLOS

20 Hay que hacer dos taladros en el canto inferior de cada travesaño superior para alojar los tornillos que lo sujetarán al bastidor del tablero. En una mesa pequeña como ésta, resultaría difícil perforar los agujeros una vez encolado el armazón.

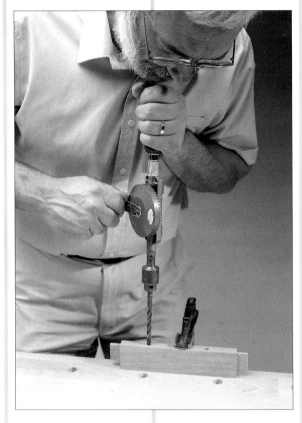

NUMERACIÓN Y AJUSTE DE TODOS LOS ENSAMBLES

22 Señale con números o letras cada ensamble y encaje cuidadosamente cada espiga dentro de su caja. Con la práctica, será posible hacer la caja y la espiga de manera que encajen exactamente desde el primer momento, pero es probable que durante algún tiempo tenga que repasar los ensambles con un formón para que ajusten bien. ▲

23 Es una práctica habitual que los cuatro travesaños estén a la misma altura, tal como se hace en este diseño. Por consiguiente, las espigas de cada esquina se encontrarán y, por tanto, es necesario cortar en inglete el extremo de cada una para que puedan entrar hasta el fondo en sus respectivas cajas. Compruebe una y otra vez que ha efectuado un marcado correcto antes de proceder al aserrado.

ACABADO DE LAS SUPERFICIES INTERNAS

24 Pronto estará listo para proceder al montaje, pero en este proyecto es mejor acabar primero las superficies internas. Acuchille y lije los cuatro costados de cada travesaño y los dos interiores de cada pata. A continuación enmascare con cinta adhesiva todos los ensambles, para que el acabado escogido no impida el encolado, y proceda a aplicar dicho acabado.

MONTAJE DE DOS LATERALES

25 Quite la cinta adhesiva. Monte dos bastidores laterales en seco, sin encolar, y compruebe que todos los ensambles ajustan bien. ▼

26 Compruebe que cada bastidor está plano, y verifique mediante una escuadra que los ángulos internos son rectos. ▼

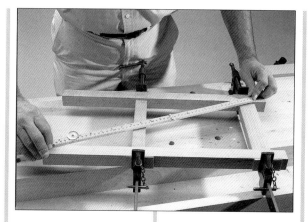

27 Mida las diagonales para comprobar que son idénticas. Si todo es correcto, aplique la cola y coloque en su sitio los tornillos de apriete, interponiendo entre ellos y el bastidor unos tacos pequeños de madera para impedir que éste se dañe. ▲

COMPROBACIÓN DE LOS ÁNGULOS RECTOS

28 Es de vital importancia en este punto comprobar de nuevo que el bastidor no presenta alabeos y que está a escuadra. Si no lo está, puede remediarse reajustando la posición de los tornillos de apriete, aunque el montaje en seco ya debería haber puesto de relieve la existencia de cualquier problema.

ELIMINACIÓN DEL EXCESO DE COLA

29 Cuando haya ajustado bien los tornillos de apriete, elimine el exceso de cola. Puede hacerlo cuando todavía está fresca, utilizando un trapo humedecido con agua, o esperar a que haya adquirido una consistencia gelatinosa y eliminarla con un formón.

Si espera hasta que la cola haya endurecido del todo, probablemente dañará las superficies que rodean los ensambles al quitar el exceso. Compruebe también las cajas vacías y elimine cualquier resto de cola que pueda estorbar el montaje final.

MONTAJE DEL ARMAZÓN COMPLETO

30 Proceda a montar el armazón completo en seco. Compruebe que todos los ensambles ajustan bien y que la estructura está a escuadra en todas direcciones. ▼

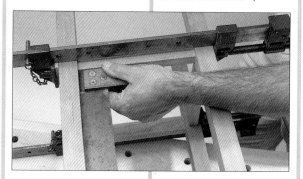

INFORMACIÓN COMPLEMENTARIA	
70	Sujeción y prensado
60-61	Acabados de la made

31 Este proceso es ligeramente más complicado que el montaje de los bastidores individuales, pero si coloca los tornillos de apriete tal como se muestra en la ilustración no debería tener problemas. ▲

32 Si todo ha ido bien en el montaje en seco, desmonte el armazón, aplique la cola y proceda al ensamblado definitivo. Elimine el exceso de cola. ▲

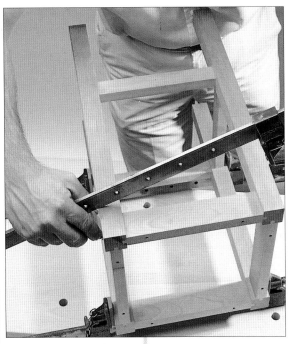

33 Cuando la cola haya secado, quite los tornillos de apriete. Sierre cuidadosamente la madera sobrante de los extremos superior e inferior de cada pata, procediendo después al cepillado de testa para aplanar estas superficies. ▲

34 Acuchille y lije el exterior del armazón. ▲

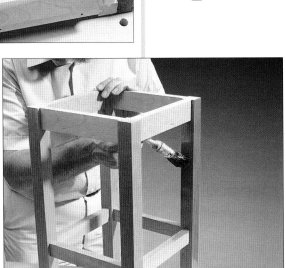

35 Compruebe que las superficies a las que previamente aplicó el acabado no han sufrido desperfectos y dé una capa general a todo el conjunto. ▲

MARCADO DEL BASTIDOR DEL TABLERO

36 Lo primero es cepillar las cuatro piezas que componen el bastidor para obtener su escuadría. Después marque los ingletes de las esquinas y siérrelos con cuidado, ajustándose a la línea de corte. Para ayudar al montaje, encole en las esquinas unas piezas triangulares hechas a partir de algún retal de madera. A continuación, cepille todas las caras de los ingletes para que encajen entre sí. Para ello, tendrá que montar el bastidor e ir cepillando cuidadosamente los ingletes hasta conseguir que ajusten perfectamente. ▶

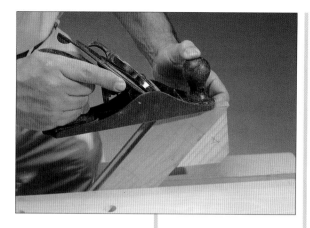

REALIZACIÓN DEL REBAJO PARA ALOJAR EL PANEL CENTRAL DEL TABLERO

37 Este paso se puede ejecutar antes o después del precedente, pero debe terminarse antes de encolar y ensamblar el bastidor. El rebajo tiene que tener 6 mm de profundidad para albergar una pieza de contrachapado decorativo, un cristal o un espejo sin que sobresalga del bastidor. En posteriores proyectos probablemente empleará herramientas eléctricas (una fresadora portátil, por ejemplo) o máquinas para labrar los rebajos y ranuras, pero en este proyecto es conveniente utilizar herramientas manuales: un cepillo de rebajar de banco, o uno de espaldón. ▶

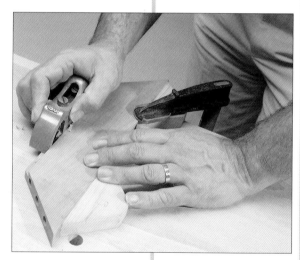

MARCADO DE LA POSICIÓN DE LAS CLAVIJAS

38 El bastidor del tablero debería ensamblarse por medio de lengüetas postizas o tacos planos. Como es la primera vez, sin embargo, resulta mucho más seguro emplear clavijas, ya que así los ingletes no podrán deslizarse y salirse de su sitio a la hora de encolarlos y prensarlos.

39 Marque con el gramil una línea central a lo largo de la cara interna de cada inglete. Luego alinee cuidadosamente las cuatro piezas del bastidor en el tornillo de banco. Marque los centros de los agujeros para las clavijas, utilizando una escuadra para trazar líneas transversales que crucen las realizadas con el gramil; de este modo, los orificios coincidirán exactamente en todos los ingletes. ▼

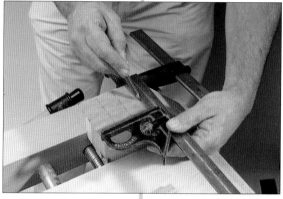

40 Marque los centros de los agujeros por medio de un botador. ▼

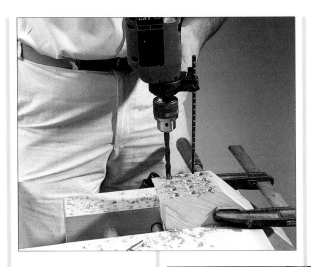

41 Perfore los orificios para las clavijas. Mantenga siempre la taladradora en posición vertical. ▲

42 Corte las clavijas a la longitud necesaria. Métalas en sus agujeros sin apretarlas demasiado y monte el bastidor en seco. Puede que todavía necesite hacer algunos ajustes de última hora en las caras internas de los ingletes.

MONTAJE DEL BASTIDOR

43 En este bastidor es posible utilizar cuatro tornillos de apriete; con este método, las clavijas dan mejores resultados que las lengüetas postizas o los tacos planos, ya que los ingletes no se descolocan por deslizamiento durante el prensado. En cualquier caso, lo mejor es encolar en las esquinas exteriores de cada inglete unos tacos triangulares fabricados a partir de algún trozo sobrante de madera. ▲

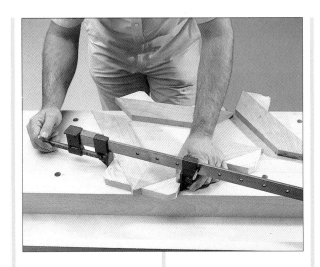

44 Una vez montado el bastidor, los tacos permiten que los tornillos de apriete ejerzan presión en la dirección adecuada en cada ensamble. ▲

45 Si todos los ingletes encajan bien en el montaje en seco, proceda a aplicar la cola y a realizar el prensado definitivo. ▼

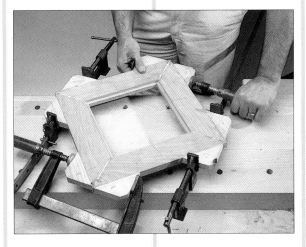

46 Cuando haya secado la cola, quite los tornillos de apriete y despegue a golpe de escoplo, o sierre, los tacos triangulares. ▶

47 Cepille todos los cantos exteriores del bastidor. ▼

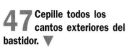

48 Atornille el armazón de las patas al bastidor del tablero. ▶

49 Acuchille, lije y aplique el acabado al bastidor. ▶

PANEL CENTRAL DEL TABLERO

50 Si ha decidido poner un cristal o un espejo, proporcione al cristalero una plantilla de cartón con las medidas exactas, ya que es muy difícil encajar luego uno más grande de lo debido, aun cuando sólo sea un poco.

51 Si opta por un tablero con acabado de madera, recorte un cuadrado de contrachapado de 6 mm de grosor y recubra la cara vista con una chapa de madera decorativa. ▼

52 He aquí la mesa terminada; un complemento adecuado y útil para cualquier lugar de su casa. ▲

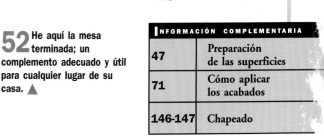

INFORMACIÓN COMPLEMENTARIA	
47	Preparación de las superficies
71	Cómo aplicar los acabados
146-147	Chapeado

Cómo hacer un ensamble de caja y espiga

Hay muchos tipos de ensambles de caja y espiga, en función del uso específico que se les vaya a dar. Junto con el ensamble en cola de milano, el de caja y espiga es una de las ensambladuras más frecuentes en carpintería. Ejercítese en su ejecución antes de emplearlo en cualquier proyecto.

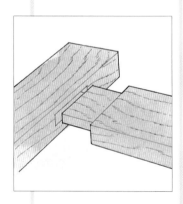

En estas páginas se describe el ensamble de caja y espiga convencional, en el que la espiga está rebajada por los cuatro costados (figura superior). En las distintas secciones del libro se expondrán ejemplos de cómo adaptar este ensamble básico a usos específicos.

La madera

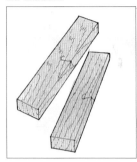

Para este ejercicio práctico, coja dos piezas de madera (que sea blanda, o bien una madera dura fácil de trabajar) que midan aproximadamente 25 cm de largo por 5 cm de ancho y 20 mm de grosor (figura superior).

Debe obtener la escuadría de ambas piezas, y sus superficies deben quedar lisas y planas. También los extremos deben estar a escuadra.

Para ello, trabaje a cepillo en cada pieza la cara vista hasta que quede plana y recta, cepille a escuadra el canto visto del mismo modo, póngales la señal correspondiente y después cepille la madera hasta darle la anchura y el grosor requeridos. Por último, corte a escuadra ambos extremos.

MARCADO DEL ENSAMBLE

1 Gradúe con precisión las dos puntas del gramil de escoplear a la anchura del escoplo de mortajas. No obstante, haga primero todas las marcas a lápiz y compruébelas antes de proceder a realizar las líneas de corte definitivas con el cuchillo de marcar y el gramil. ▼

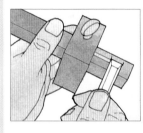

2 En el canto visto de la pieza, el que va a albergar la caja, marque la anchura de la espiga (por ejemplo, 5 cm) con un lápiz y una escuadra. Utilizándolas como guía, prolongue estas líneas a escuadra por la cara vista y la opuesta; esto mostrará la posición que ocupará la espiga una vez encajada. ▼

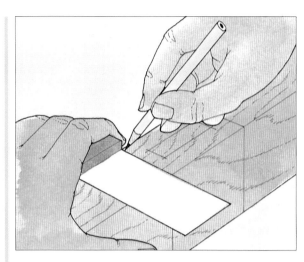

3 No obstante, es una buena idea construir la espiga con espaldones por los cuatro costados, así que haga otra serie de marcas paralelas 3 mm por dentro de las anteriores. ▲

4 Para comprobar que la caja queda centrada en la pieza de madera, haga unas pequeñas marcas con el gramil de escoplear, déle la vuelta y apoye el cabezal contra la otra cara, verificando que ambas puntas coinciden con las marcas anteriores. Si no es así, reajuste el cabezal hasta que coincidan. ▶

5 Para emplear el gramil, sujételo por el cabezal apoyándolo con firmeza contra la cara vista y deslícelo por ella de modo que las dos puntas tracen las líneas de corte paralelas por el lugar predeterminado. ▶

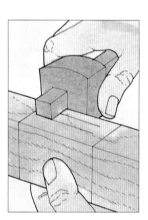

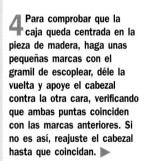

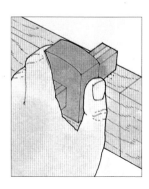

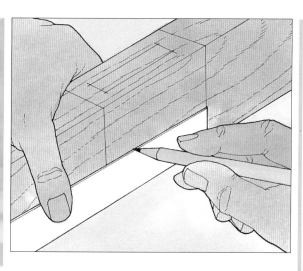

6 Marque a lápiz la profundidad exacta de la caja (en este caso, de 38 mm) por la cara vista. ▲

7 Empleando el cuchillo de marcar, haga dos líneas de corte sobre los trazos a lápiz en el canto visto para señalar los extremos de la caja. Como norma general, emplee el lápiz para las líneas orientativas y el cuchillo o el gramil para marcar las líneas de corte que empleará a la hora de serrar o escoplear. ▶

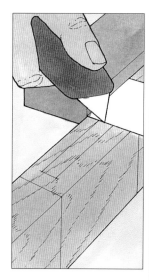

8 Coja ahora la pieza de la espiga. La longitud de ésta debe coincidir con la profundidad de la caja. Por tanto, trace una línea a 38 mm del extremo alrededor de la pieza. Utilice para ello el cuchillo de marcar, puesto que tendrá que serrar por estas marcas. ▶

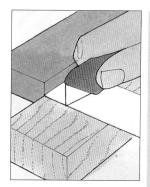

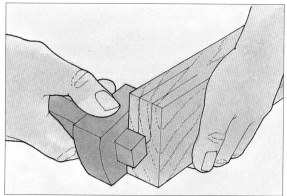

9 Sujete la pieza en el tornillo de banco por el extremo opuesto al de la espiga. Sin variar la graduación del gramil de escoplear que ya dispuso para la caja, apoye el cabezal contra la cara vista y marque las dos líneas en el canto visto y en la testa. ▲

10 Déle la vuelta a la pieza en el tornillo de banco para repetir la operación anterior por el otro canto. Como antes, apoye el cabezal del gramil de escoplear contra la cara vista. ▶

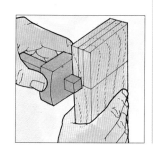

11 Gradúe la punta del gramil de marcar a 3 mm del cabezal y marque los espaldones de los cantos de la espiga. ▼

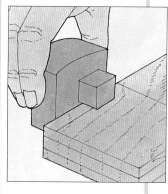

INFORMACIÓN COMPLEMENTARIA	
9	La seguridad es lo primero
24-25	Cepillado
26	Escopleado
26-27	Aserrado
34-43	Módulo uno: mesa auxiliar

ESCOPLEADO DE LA CAJA

Hay diversas maneras de hacer una caja. El método que se explica aquí es uno de los más simples.

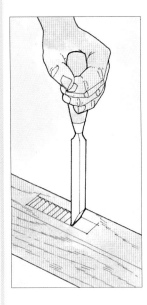

1 Sujete firmemente la pieza que va a escoplear encima del banco, o en el tornillo de éste, bien protegida con trozos de madera sobrante. Empuñe el escoplo verticalmente, procurando no salirse de las líneas trazadas a gramil, y haga una serie de cortes o entallas a contrahílo de 3 mm de profundidad y a intervalos de otros 3 mm más o menos. Por el momento, no corte todavía las líneas de los extremos de la caja. ▲

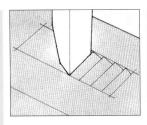

2 Descubrirá que, gracias a las entallas, resulta muy fácil extraer con el escoplo los trozos de madera.
Repita la operación, escopleando tandas sucesivas de entallas de 3 mm hasta alcanzar una profundidad de aproximadamente 38 mm. Puede hacer usted mismo una "guía de profundidad" en el escoplo enrollando en la hoja un trozo de cinta adhesiva a esa distancia del filo. ▲

3 Cuando haya alcanzado esa profundidad, escoplee las líneas trazadas a cuchillo de los extremos de la caja. Con esta operación, habrá finalizado la realización de la caja. ▲

ASERRADO DE LA ESPIGA

1 Sujete la pieza de la espiga en el tornillo de banco, y corte con el serrucho de costilla por las líneas efectuadas con el gramil de escoplear hasta la línea transversal de los espaldones trazada a cuchillo, deteniéndose aproximadamente a 1 mm de ella. Recuerde que siempre tiene que serrar por la parte exterior de las líneas, es decir, por la parte sobrante (ver pasos 2, 3 y 4). ▷

2 Inicie el corte en un ángulo de 45 grados por la parte delantera de la espiga.

3 Haga lo mismo con la parte posterior.

4 Profundice ahora el corte hasta el espaldón.

5 Gire la pieza en el tornillo de banco y repita los pasos anteriores con las otras líneas situadas a 3 mm de los bordes.

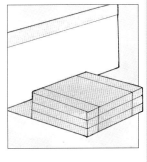

6 Sujete ahora la pieza en horizontal contra el corchete (o un tope de banco) y corte el espaldón en los cuatro costados de la espiga, sin profundizar más de 3 mm. ▷

7 Vuelva a poner la pieza en el tornillo de banco y sierre ahora las líneas situadas a 3 mm de los cantos hasta los espaldones. Esto reduce la espiga a la longitud de la caja. ▷

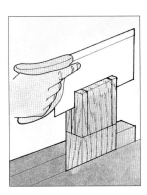

8 Por último, vuelva a las otras líneas de los espaldones y sierre la madera sobrante. Tenga cuidado de no pasarse. ▽

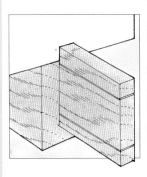

9 Introduzca la espiga en la caja y apriete ambas piezas; los espaldones de la espiga deberían ajustarse perfectamente al canto visto de la pieza de la caja, sin resquicios. Un carpintero experto es capaz de lograrlo a la primera, simplemente con la sierra, pero en esta primera fase de su aprendizaje probablemente tendrá usted que repasar la espiga con un formón. ▽

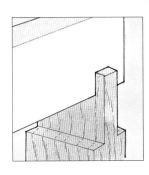

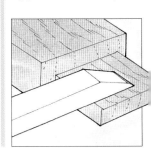

Preparación de las superficies

Antes de aplicar cualquier acabado a un mueble es necesario que sus superficies estén lisas, suaves y uniformes. Un experto a veces lo logra directamente a cepillo, pero en su caso lo normal es que tenga que emplear otras herramientas y técnicas, especialmente cuando trabaje maderas de grano entrelazado o que presenten otras dificultades en la superficie.

CÓMO UTILIZAR UNA CUCHILLA DE CARPINTERO

El uso de la cuchilla de carpintero, para pulir maderas duras, requiere práctica. El objetivo es cortar virutas muy finas; si lo que hace es extraer serrín, entonces es que está embotada y hay que afilarla. La hoja de la herramienta se calienta durante el proceso de acuchillado, así que tenga cuidado; sus dedos pueden resentirse.

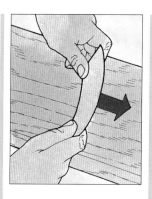

1 Sujete la cuchilla con ambas manos, con los pulgares hacia usted. Sujétela de modo que se curve ligeramente hacia adelante para que las esquinas no se claven en la madera; si lo hacen, cúrvela un poco más. ▲

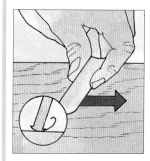

2 Empiece con la herramienta en posición vertical, y luego vaya inclinándola hasta que el borde (que tiene una rebaba) entre en contacto con la madera y empiece a extraer finas virutas. Trabaje empujando la herramienta, no tirando de ella. ▲

CÓMO UTILIZAR UN TACO DE LIJAR

Tómese siempre la molestia de utilizar un taco cuando tenga que lijar manualmente. Por mucho que se esfuerce, si sujeta la lija directamente con la mano sólo conseguirá estropear una superficie ya plana y lisa, bien cepillada e incluso acuchillada. Las irregularidades, por otra parte, destacarán aún más después de aplicar el acabado final.

Los tacos de corcho son duros, pero al mismo tiempo ligeramente elásticos, y tienen un tamaño adecuado que se adapta bien a la mano.

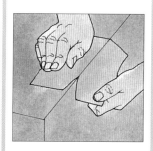

1 Los pliegos de papel de lija tienen un tamaño estándar, pero se cortan en trozos para adaptarlos al taco. Rasgue el papel contra una esquina; por ejemplo, una del banco de carpintero. ▲

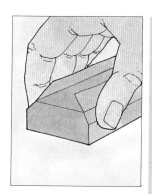

2 Tense la lija alrededor del taco, con los chaflanes de éste hacia arriba. ▶

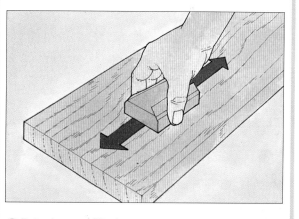

3 Frote siempre al hilo de la madera, nunca a contrahílo. Si hace esto último, dejará pequeños arañazos en la superficie que luego serán difíciles de eliminar y que, por regla general, se pondrán de manifiesto al aplicar el acabado final. ▲

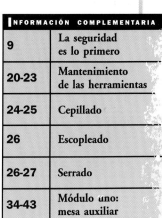

Mesas

El clásico armazón a base de ensambles de caja y espiga empleado en la mesa auxiliar del Módulo uno constituye la base para proyectar muchos otros diseños. Empleando esa misma estructura, pero modificando el tamaño, puede hacer cualquier tipo de mesa: desde mesitas de café, hasta mesas de cocina o de comedor de tamaño familiar.

Si aumenta su altura, se convertirá en un velador para colocar plantas u objetos decorativos.

La elección de la madera y el acabado también tienen su importancia en el diseño. Por ejemplo, una mesa moderna, sea del tamaño que sea, puede muy bien ser de fresno, arce, roble o haya. Por otra parte, también es posible teñir la superficie u optar por un acabado con pintura, laca o barniz.

NIC PRYKE • *Mesa*
Una estructura muy simple a la que se ha dado una nueva dimensión realzándola gracias a los adornos de incrustación del tablero y al contraste de los laterales voladizos. Esta decoración resulta muy apropiada para el mueble y, además de ser un fino trabajo de marquetería, confiere a la mesa un interés y un carácter que le proporcionan calidad visual. ▲

ERGONOMÍA

Las mesas de comedor o de trabajo han de estar diseñadas para que puedan usarse cómodamente y sin esfuerzo. Deben estar hechas de modo que una persona pueda sentarse en una silla sin golpearse en las rodillas o los pies, y disponga de suficiente espacio para los codos como para poder comer sin estorbar a quien se siente a su lado.

La ergonomía es el estudio de la relación del cuerpo humano con el entorno. Esta ciencia ha propuesto las dimensiones óptimas del mobiliario para que se adapte a la estatura y complexión del hombre medio.

Altura de las mesas

La mayoría de los adultos están cómodos cuando se sientan a una altura de 43 cm. La altura óptima de una mesa de trabajo o de comedor es de 70 cm, mientras que se necesitan como mínimo 61 cm de espacio para las piernas entre el travesaño superior y el suelo.

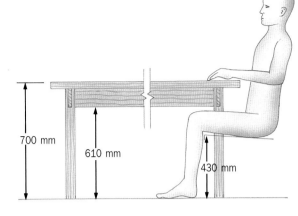

ALTURA IDEAL DE UNA MESA
La altura ideal de una mesa es de 70 cm; el espacio ideal para albergar las piernas debajo de ella es de 61 cm; la altura ideal del asiento es de 43 cm.

Colocación en torno a la mesa
Para comer cómodamente, el adulto medio necesita un espacio de 61 cm de ancho por 30 cm de fondo. ▶

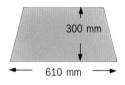

Cualquiera que sea la forma de una mesa de comedor, el diseñador debe prever espacio suficiente para el número de personas que teóricamente caben en ella. ▶

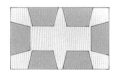

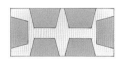

Las mesas redondas son una buena manera de economizar espacio para sentar a la gente en lugares de dimensiones reducidas. Una mesa de tan sólo 1 m de diámetro da cabida cómodamente a cuatro personas. Con aumentar el diámetro a 1,2 m ya caben seis, y si tiene 1,5 m podrán sentarse hasta ocho personas. ▶

Diámetro = 1,2 m

TIPOS DE MESAS

El armazón puede diseñarse con patas de madera maciza o paneles laterales de tableros manufacturados, o bien con un par de armazones laterales macizos unidos por un sólido travesaño central, como en las mesas de estilo provenzal (*abajo*).

Algunos tableros llevan en los bordes un bastidor con las esquinas ensambladas a inglete. Los tableros de madera maciza están construidos con tablas unidas por los cantos, o al ancho, mediante machihembrados o clavijas. Hoy se utilizan mucho las juntas a tope reforzadas con tacos planos.

Los diseñadores de muebles han dedicado mucho tiempo a resolver el problema de cómo aumentar o reducir el tamaño del tablero de una mesa para adaptarlo a las necesidades del momento. Las mesas de alas abatibles necesitan algún tipo de soporte para mantenerlas rígidas; las mesas de faldones llevan unas verjas pivotantes; las Pembroke tienen soportes giratorios que no apoyan en el suelo. Las mesas de libro son de varios tipos. La hoja suplementaria puede llevar o no bisagras para que resulte más fácil de guardar, y esconderse dentro del armazon cuando no se utiliza. Las tradicionales mesas abatibles verticales son muy útiles; ocupan muy poco espacio cuando no se utilizan, y pueden emplearse como mesas auxiliares o como pequeñas mesas para comer en caso necesario.

NIC PRYKE • *Mesa de comedor*
El enfoque desde abajo de esta fotografía confiere a la mesa un carácter un tanto impresionante. El contraste entre la madera, el metal y el cristal funciona muy bien, y la pureza de líneas de la estructura, concebida como un proyecto de ingeniería, hace muy buen efecto. ▲

Armazón

Paneles laterales

Mesa de estilo provenzal

Mesa de faldones con verjas pivotantes

Mesa Pembroke

Mesa de libro con hoja extraíble provista de bisagras para esconderla

Mesa de libro pivotante

Mesa abatible vertical

INFORMACIÓN COMPLEMENTARIA	
34-43	Módulo uno: Mesa auxiliar

Herramientas manuales especializadas

A medida que aumenten su destreza y sus conocimientos y acometa empresas más complejas, tendrá que ir completando su equipo de herramientas.

Si decide comprar herramientas eléctricas portátiles, o incluso máquinas, algunas de las herramientas manuales que se muestran aquí no le harán falta; por ejemplo, el trabajo del cepillo de rebajar de banco y del cepillo tupí se puede hacer con una fresadora portátil, la sierra de arco puede sustituirse por una sierra de cinta, y el serrucho para tableros o el de calar pueden reemplazarse por una sierra de calar eléctrica, portátil o no.

En cambio, serán imprescindibles otras herramientas especializadas, así que la mejor política es irlas comprando a medida que las necesite. De este modo, podrá hacerse con un equipo muy completo.

de empezar el trabajo con la fresadora eléctrica portátil, ya que ahorra tiempo a la hora de ajustarla.

1. Cepillo de rebajar de banco

El hierro de este cepillo se extiende a todo lo ancho de la base. Se pueden hacer con él tanto rebajos estrechos como de gran tamaño. Carece de guía, así que hay que empezar a hacer el rebajo apoyando el lateral del cepillo contra un listón clavado o sujeto de algún modo a la pieza.

2. Cepillo de contrafibra

Es un cepillo pequeño y ligero que se emplea con una sola mano para el cepillado de testa, para hacer chaflanes y para trabajos delicados. Si necesita hacer más presión, coloque la otra mano sobre el talón. El hierro está dispuesto en un ángulo menor que en otros cepillos, y se coloca con el bisel hacia arriba.

3. Cepillo de espaldón

Se puede emplear para las mismas funciones que el cepillo de rebajar, pero es sumamente útil a la hora de trabajar en los ensambles en cola de milano oculta con inglete, cepillar espaldones de espigas y demás trabajos finos.

Algunas de las funciones de esta herramienta las desempeña también el cepillo tupí.

4. Ranurador o cepillo tupí

Labra, alisa y endereza ranuras, cajeados y lugares de difícil acceso. Es conveniente emplearlo antes

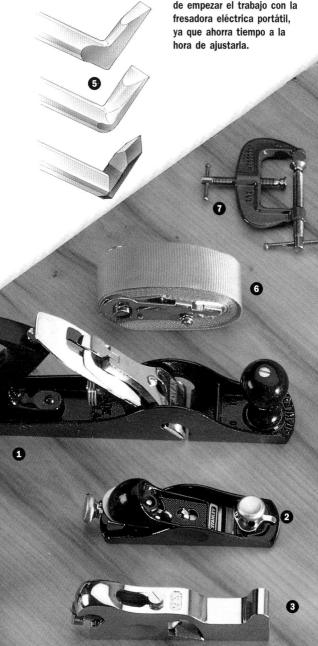

5. Cuchillas del cepillo tupí

Las cuchillas tienen un ángulo de ataque bajo y trabajan como formones. Existe un gran surtido de cuchillas diferentes, lo que hace que esta herramienta sea muy versátil.

6. Sargento de cremallera

Consiste en una cinta de nailon que se tensa mediante un mecanismo de trinquete. Ejerce una presión uniforme en todas las esquinas y es muy útil cuando los tornillos de apriete resultan difíciles de manejar o muy pesados para una pieza determinada; por ejemplo, a la hora de encolar bastidores con esquinas en inglete (especialmente, en el caso de marcos pequeños para cuadros) y, muchas veces, en la construcción de sillas.

7. Sargento para cantos

Es un sargento de pequeño tamaño provisto de un husillo lateral. Se utiliza para instalar cubrecantos en tableros. Una vez que los sargentos se han sujetado bien a la superficie con el husillo principal, se acciona el husillo lateral para que la zapata apriete el cubrecantos contra el borde, ajustándolo en su sitio. Sin embargo, para que sean realmente de utilidad hay que disponer de gran cantidad de ellos.

8. Falsa escuadra

Es una herramienta inestimable para trazar o comprobar un ángulo recto, de 45 grados o cualquier otro, tanto interno como externo. Para medir el ángulo, apoye la hoja ranurada y el mango directamente contra la pieza, o bien sobre un transportador, fijándolo después en la posición correcta mediante la palanca o palomilla. En algunos proyectos de este libro, se empleará en lugar del marcacolas para marcar las colas de milano.

9. Pie de rey

El pie de rey o nonio es muy útil para realizar muchos tipos de mediciones. No hace falta comprar uno muy sofisticado y caro; hay modelos de acero económicos, e incluso los de plástico pueden servir bien. A medida que vaya haciendo progresos, descubrirá que adquiere el nivel de precisión requerido para el manejo de este utensilio.

10. Sierra de arco

La sierra de arco sirve para hacer cortes curvos, y es lo suficientemente sólida como para aserrar maderas bastante gruesos. Si no dispone de herramientas eléctricas portátiles, será el único medio para cortar piezas curvadas largas. Es difícil de manejar, requiriendo una cierta práctica y un gran esmero para no desviarse de la línea trazada.

11. Serrucho de precisión

Es extremadamente útil cuando se necesita que la línea de corte sea muy fina, aunque la sierra para colas de milano a menudo sirve también para este propósito. El fino dentado del serrucho deja muy lisas las superficies cortadas.

12. Serrucho de calar

En un principio se empleaba para cortar ojos de cerradura. Las sierras de calar eléctricas cortan a la perfección aberturas interiores en una pieza y entrantes a partir de un borde, pero hay veces en que resulta más útil este pequeño serrucho. Para manejarlo, taladre un agujero a partir del cual podrá empezar a serrar.

INFORMACIÓN COMPLEMENTA	
9	La seguridad es lo primero
16-19	Herramientas manuales básicas
20-23	Mantenimiento de las herramientas

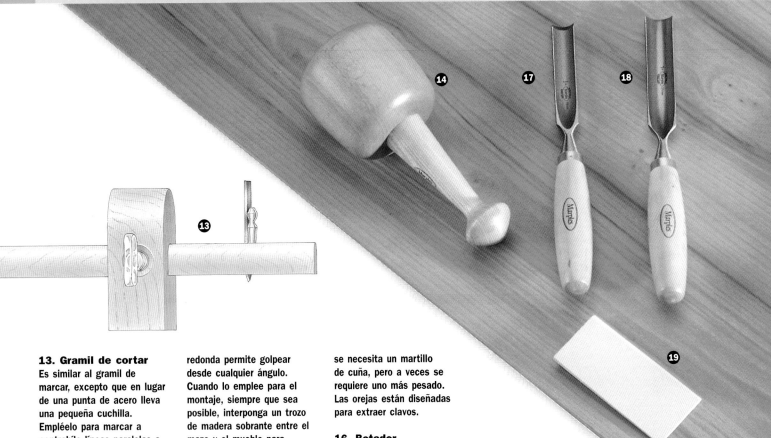

13. Gramil de cortar

Es similar al gramil de marcar, excepto que en lugar de una punta de acero lleva una pequeña cuchilla. Empléelo para marcar a contrahílo líneas paralelas a una arista. También resulta útil para cortar chapas. La cuchilla se extrae para afilarla o sustituirla.

14. Mazo de tallista

Es una herramienta sumamente útil tanto para escoplear ensambles como para el montaje de estructuras. Su cabeza redonda permite golpear desde cualquier ángulo. Cuando lo emplee para el montaje, siempre que sea posible, interponga un trozo de madera sobrante entre el mazo y el mueble para proteger su superficie.

15. Martillo de orejas

Es una buena herramienta de uso universal; tiene el peso y la solidez de otros martillos de más envergadura, pero al mismo tiempo es más fácil de controlar que el mazo. En la mayor parte de los trabajos de carpintería sólo se necesita un martillo de cuña, pero a veces se requiere uno más pesado. Las orejas están diseñadas para extraer clavos.

16. Botador

Se utiliza para embutir o hundir las cabezas de los clavos en la superficie de la madera. El diámetro de la punta debe ser algo menor que el de la cabeza del clavo.

Lo usual es emplearlo con un martillo de cuña, pero en ocasiones necesitará uno de orejas.

17. Gubia normal o de filo exterior

Las gubias, básicamente, son formones de sección curva. Ésta tiene el bisel en la parte convexa de la hoja, de manera que corta con la parte cóncava; se emplea para tallar acanaladuras, huecos, etc.

18. Gubia de ensamblar o de filo interior

Tiene el bisel en la parte cóncava de la hoja, cortando con la convexa, y se utiliza para el desbastado de espaldones curvos.

19. Piedra de asentar filos

Se necesita para afilar las hojas de las gubias; su borde de sección curva permite trabajar en la cara cóncava.

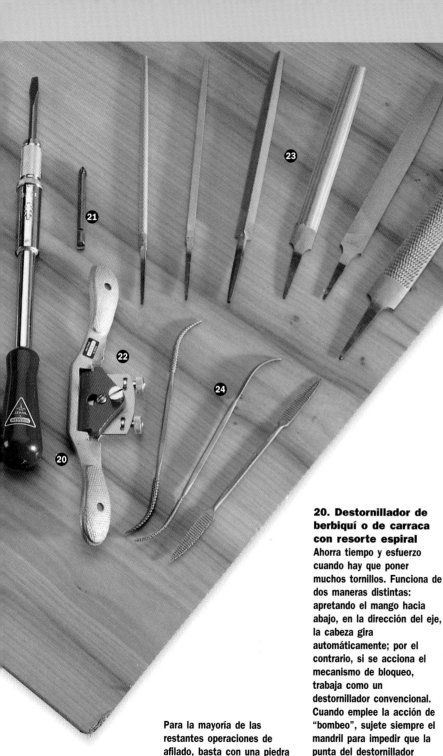

mejores resultados que los metálicos que se encuentran en el mercado.

23. Escofinas

Las escofinas, básicamente, son limas bastas de dientes gruesos. Eliminan la madera con rapidez, pero dejan la superficie áspera, por lo que hay que afinarla luego con limas para madera. Tanto unas como otras se emplean mucho para dar forma a las piezas, especialmente en la construcción de sillas. En la ilustración se muestran diferentes tipos y tamaños. Todas ellas son útiles, pero el mejor modelo para determinados trabajos es el redondo o de cola de ratón, tanto en escofinas como en limas.

24. Escofinas curvas

Tienen extremos curvos, y las hay de muchos tipos. En bastantes ocasiones son las únicas herramientas capaces de dar forma a partes de difícil acceso. Las combinadas tienen una cabeza con dentado de escofina y la otra de lima.

21. Puntas intercambiables del destornillador de berbiquí

Las hay planas o de estrella y de diferentes tamaños.

22. Bastrén

Los bastrenes se utilizan para alisar curvas cóncavas y convexas. Estas últimas también pueden trabajarse a cepillo o formón, mientras que para las primeras sólo sirve el bastrén. En el modelo de la fotografía, la hoja se ajusta mediante dos tornillos finos. Un bastrén bien afilado deja la madera dura tan lisa que a veces no precisará lijado.

Le llevará tiempo acostumbrarse a su manejo y hacer cortes limpios, evitando que la hoja se clave en la superficie o dé saltos.

Los artesanos con muchos años de experiencia suelen construir sus propios bastrenes. Podría usted probar también; compre una hoja y fabrique la herramienta con madera. Muchas veces los bastrenes "caseros" dan

20. Destornillador de berbiquí o de carraca con resorte espiral

Ahorra tiempo y esfuerzo cuando hay que poner muchos tornillos. Funciona de dos maneras distintas: apretando el mango hacia abajo, en la dirección del eje, la cabeza gira automáticamente; por el contrario, si se acciona el mecanismo de bloqueo, trabaja como un destornillador convencional. Cuando emplee la acción de "bombeo", sujete siempre el mandril para impedir que la punta del destornillador resbale y dañe la madera.

Para la mayoría de las restantes operaciones de afilado, basta con una piedra de aceite combinada.

INFORMACIÓN COMPLEMENTARIA	
9	La seguridad es lo primero
16-19	Herramientas manuales básicas
20-23	Mantenimiento de las herramientas

Disposición del taller

Para trabajar en carpintería siempre hay que montar un taller. A la hora de escoger el sitio, debe tener en cuenta factores medioambientales como la temperatura, la ventilación y la luz. También tendrá que prever la ubicación del banco de carpintero y de la maquinaria eléctrica, así como una buena vía de acceso para meter los materiales de trabajo y sacar los muebles ya terminados. Si sólo dispone de un taller pequeño, no podrá dedicar un espacio para cada actividad; deberá destinar cada zona a varios quehaceres distintos.

PLANIFICACIÓN DEL TALLER

Dibuje un plano a escala del taller y haga unas plantillas de cartón con la forma del banco y de cada una de las máquinas. Señale en el plano la posición de las puertas, ventanas y tomas de corriente, y haga pruebas con las plantillas hasta encontrar el mejor lugar para cada cosa.

La madera y los tableros manufacturados son pesados y ocupan mucho sitio. Por otra parte, se necesita también acceder con facilidad a los accesorios y materiales consumibles.

Cada máquina requiere suficiente espacio a su alrededor para poder trabajar. Los materiales deben pasar libremente por las sierras y cepilladoras, sin tropezar con otras máquinas; hay que tener en cuenta que, en la maquinaria eléctrica en general, las piezas que se estén elaborando sobresaldrán por un extremo u otro. A la hora de planificar el taller, asegúrese de que ninguna máquina estorba el funcionamiento de otra o el libre paso de los materiales.

Material entrante

Los tablones y tiras de madera llegan a medir hasta 5 m de largo, y los tableros manufacturados típicos son de 1,22 × 2,44 m. En ocasiones las piezas las cortan en el almacén de maderas; en otras tendrá que hacerlo en su propio taller. Debe guardar estos materiales en el interior para que se conserven secos, a una temperatura y grado de humedad constantes, hasta que los utilice.

Almacenamiento

Los acabados, accesorios, adhesivos y otros materiales consumibles deben guardarse en estantes, cajones y armarios diseñados al efecto. Si no los utiliza en grandes cantidades, guárdelos dentro del taller, pero poniéndolos en lugar seguro; si es posible, dentro de un armario a prueba de fuego.

Banco de trabajo

Es esencial contar con un banco robusto. Si es posible, colóquelo en un sitio donde reciba luz natural; si no, tendrá que instalar una buena iluminación artificial.

Los suelos duros resultan incómodos si se permanece sobre ellos largo tiempo; ponga alrededor de la zona de trabajo y delante del banco una alfombra de caucho.

Corte y ensamblado

Escritorio y silla requieren para su montaje más espacio del que uno podría imaginar en un principio. Deje una zona despejada donde colocar caballetes de aserrar para marcar con tiza

y proceder a un primer aserrado en bruto, así como para montar armarios y estanterías. Tenga en cuenta la altura y el espacio de suelo que ocuparán muebles grandes.

Acabados

La elección del acabado se verá influida por el entorno donde trabaja. Si emplea lacas o barnices, debe disponer de algún medio para extraer el aire; ya es necesario si se aplican a pincel, pero en caso de hacerlo a pistola es absolutamente imprescindible. Cuando

Disposición de un taller

1. Cabina o cuarto de acabados; **2.** pistola pulverizadora y compresor;
3. extractor de humos;
4. puerta de entrada principal;
5. caballetes de aserrar
6. tableros manufacturados;
7. accesorios pequeños y materiales consumibles;
8. almacenamiento de la

madera; **9.** sierra de cinta;
10. almacenamiento de las herramientas manuales;
11. banco de carpintero;
12. sierra circular;
13. cepilladora combinada (planeadora-regruesadora);
14. taladradora vertical;
15. herramientas eléctricas portátiles;
16. extractor de polvo

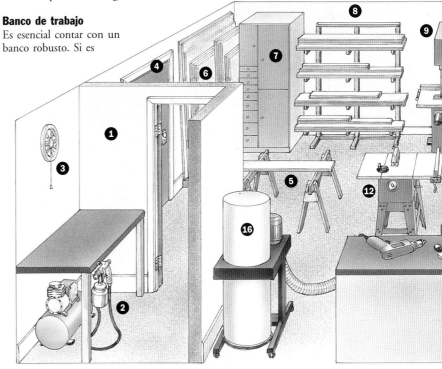

emplee aceites, siempre tendrá que desdoblar los trapos para que se sequen; lo mejor es tenderlos en el exterior.

Extracción de polvo

Para pintar bien a pistola, el aire debe estar previamente limpio de polvo. El uso de las herramientas y máquinas eléctricas, así como el lijado en general, genera una gran cantidad de serrín. Si es factible, conecte todas las máquinas a un extractor mientras las utiliza. Póngase una mascarilla siempre que pinte a pistola o realice cualquier actividad que levante polvo o serrín.

Iluminación

Una de las primeras cosas que hay que tener en cuenta es la iluminación. Lo mejor es disponer de una buena fuente de luz natural, reforzada con puntos de luz artificial estratégicamente ubicados. Es preferible utilizar bombillas de tungsteno que tubos fluorescentes, e instalar puntos de luz individuales sobre el banco de carpintero y algunas de las máquinas.

Calefacción

La temperatura del taller debería ser muy similar o ligeramente inferior a la del lugar donde esté destinado

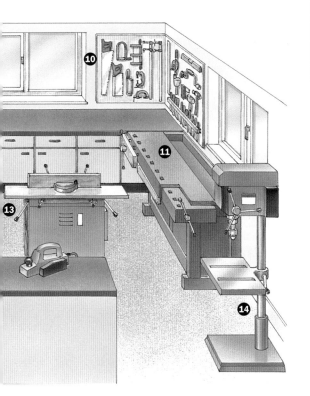

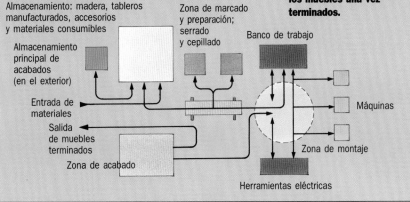

PASO DE LAS PIEZAS POR EL TALLER

Para que la disposición del taller sea eficaz, estudie previamente los procesos implicados en la construcción de los muebles. Hay que recibir materiales, accesorios y acabados. El marcado y el corte tienen que hacerse cerca de la sierra circular y la cepilladora. Agrupe el banco de carpintero, la maquinaria y las herramientas eléctricas portátiles en torno al área de montaje.

La zona de acabado debería estar aislada y provista de un extractor de humos, especialmente si va a aplicar lacas o barnices. Por último, hay que dejar suficiente espacio y vía libre para sacar del taller los muebles una vez terminados.

Almacenamiento: madera, tableros manufacturados, accesorios y materiales consumibles

Almacenamiento principal de acabados (en el exterior)

Entrada de materiales

Salida de muebles terminados

Zona de acabado

Zona de marcado y preparación; serrado y cepillado

Banco de trabajo

Máquinas

Zona de montaje

Herramientas eléctricas

a ubicarse el mueble que está construyendo. Las obras de los carpinteros que trabajan en locales húmedos y fríos se echan a perder cuando su destino es un entorno con calefacción central, debido a las contracciones y dilataciones –el movimiento– de la madera.

Sobras y desechos

En el transcurso de su labor, a menudo obtendrá trozos pequeños de madera y de otros materiales que le resultarán útiles en proyectos posteriores. Merece la pena guardar cualquier sobrante de buen tamaño en un lugar ex profeso al que

pueda acceder con facilidad.
El resto –virutas, serrín y otros desechos– hay que eliminarlo. Barra a diario, ya que un suelo lleno de desperdicios inflamables es un peligro potencial.

Seguridad e higiene

Mantenga ordenada el área de trabajo. Cuelgue en una pared un botiquín de primeros auxilios y un extintor; deben estar en un sitio bien visible, de modo que cualquier persona que entre en el taller pueda utilizarlos inmediatamente. Instale también un detector de humos.

Salida de muebles terminados

Antes de ponerse a hacer un mueble asegúrese de que es posible sacarlo del taller, y meterlo en un coche, furgoneta o camión si necesita trasladarlo.

INFORMACIÓN COMPLEMENTARIA	
9	La seguridad es lo primero
16-19	Herramientas manuales básicas
50-53	Herramientas manuales especializadas
76-77	Herramientas eléctricas portátiles
92-93	Maquinaria eléctrica

Principios básicos para la construcción de bastidores y armazones

En los armarios y sillas la estructura básica es el armazón. En algunas sillas, así como en algunas mesas, se trata de un simple bastidor con patas, mientras que en otras se compone de varios bastidores (por ejemplo, cuando además de los travesaños superiores hay otros inferiores de refuerzo). Los bastidores también se utilizan en las puertas, e incluso a la hora de hacer algunas estanterías. De hecho, la idea de construir muebles a base de bastidores y paneles es un buen sistema para hacer economías, puesto que un simple panel delgado da bastante fuerza y rigidez al liviano bastidor que lo enmarca. En Inglaterra, durante la Segunda Guerra Mundial, se creó una serie de muebles de calidad con un gran ahorro de materiales. Desgraciadamente, todo ese potencial se abandonó después de la guerra.

EVOLUCIÓN DEL BASTIDOR

Los primeros muebles se hacían a partir de simples troncos, pero a medida que la carpintería fue evolucionando la madera empezó a trocearse en tablones que luego se dividían en cuadrados o rectángulos. Algunos muebles antiguos obviamente se construyeron empleando tablas macizas. Sin embargo, con el tiempo se descubrió que podían conseguirse sólidas estructuras a base de bastidores hechos con piezas verticales y horizontales ensambladas. La carpintería actual sigue ateniéndose a esos principios básicos. En esta página se muestran algunas de las muchas aplicaciones posibles del bastidor.

Sillas

Algunas sillas primitivas, así como algunas modernas muy sencillas, llevan un armazón de bastidores. El número y anchura de los travesaños contribuye a perfeccionar la estructura y, por descontado, cuando llevan paneles interiores son aún más sólidas, como es el caso de las sillas de estilo jacobino. ▲

Mesas

Las mesas pueden tener un armazón con un bastidor superior y travesaños inferiores de refuerzo, o bien un simple bastidor con cuatro patas. Las mesas auxiliares pequeñas o las mesitas de café son bastante sólidas, dado su tamaño, y además el tablero contribuye a mantener la estructura a escuadra. En las mesas de comedor está el problema de tropezar con las rodillas en los travesaños superiores. ▼

Puertas

Las puertas son uno de los ejemplos más comunes del empleo de bastidores reforzados con paneles. ▲

Armarios

Se pueden construir perfectamente sobre un armazón constituido por bastidores ligeros y paneles delgados. Aunque es cierto que es un método barato y que a menudo se emplea en la fabricación de muebles en serie, no por ello deja de ser válido; es factible crear muchos muebles de calidad aplicando este principio estructural con sutileza y buen gusto. ▼

Muebles empotrados

El marco que alberga las puertas de los grandes armarios empotrados es un buen ejemplo del uso de este sistema. Es esencial que, una vez instalado en la pared, sea posible comprobar que está a escuadra y corregirlo para que las puertas abran y cierren como es debido. ▼

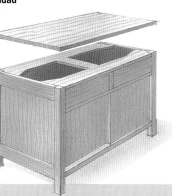

PROBLEMAS QUE SE PRESENTAN AL CONSTRUIR LOS BASTIDORES

La aparición de los bastidores fue posible gracias a la invención del ensamble de caja y espiga pero, a pesar de todo, estas estructuras cuadradas o rectangulares no son totalmente rígidas de por sí. Con objeto de consolidar los ángulos rectos hay que emplear algún método de triangulación; de un modo u otro, es lo que se intenta hacer en la mayoría de los casos.

Métodos de consolidación

Un medio para consolidar un bastidor y mantenerlo a escuadra es hacer que uno de los traveseros –o los dos– tenga la mayor anchura posible, de modo que la estructura se mantenga rígida. ▼

En el caso de las mesas, el uso de travesaños superiores anchos no es tanto un elemento decorativo como un medio necesario de refuerzo a base de largos ensambles de caja y espiga. Para que no resulte tan patente a la vista, el travesaño se puede estrechar por el centro empleando a la vez ensambles de caja y espiga con espaldones achaflanados. ▲

Otro método más simple para aumentar al máximo la resistencia del bastidor es insertar un panel en su interior. Es un principio estructural ampliamente utilizado para evitar que los ensambles en ángulo recto se salgan de escuadra. ▶

Otro sistema a mitad de camino entre el uso de traveseros anchos y el de paneles son las escuadras o planchas de refuerzo triangulares; instaladas en las esquinas de un bastidor liviano, le confieren una enorme rigidez. En las estanterías abiertas, a menudo se emplean dos tiras cruzadas en aspa en la parte posterior que cumplen la misma función. ▶

Consolidación de ensambles que se encuentran en esquina

Hay dos soluciones específicas para solucionar este problema. Una de ellas son los tacos triangulares que se instalan en las cuatro esquinas interiores de las sillas construidas según el método tradicional. Naturalmente, aunque sirven para sustentar el asiento, su principal misión es mantener el armazón a escuadra. ▶

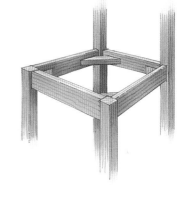

La otra, que se aplica a la construcción de mesas con patas delgadas sin tener que sacrificar espacio para las piernas, es emplear riostras de refuerzo que vayan desde las patas hasta una pieza transversal situada en el centro del tablero. ▼

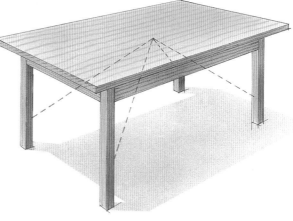

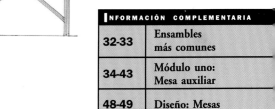

Principios básicos para la construcción de armarios y estanterías

Tradicionalmente, estos muebles se hacen de madera maciza, a la que se puede dar un acabado natural o bien chapearla, barnizarla, teñirla o lacarla.

Los progresos alcanzados a lo largo de este siglo en la fabricación de tableros manufacturados han dado como resultado el contrachapado, los tableros de alma maciza, el aglomerado y el DM. Las técnicas de construcción con este tipo de materiales requieren un enfoque completamente distinto.

ARMARIOS Y ESTANTERÍAS DE MADERA MACIZA

El hecho fundamental que hay que tener en mente es que la madera se mueve: se contrae, se dilata y cambia de forma. Apenas se producen movimientos a lo largo de la fibra, pero sí muchos en sentido transversal, y a este fin todas las técnicas de la carpintería y la ebanistería que emplean madera maciza buscan la manera de que se produzca libremente.

El movimiento en dirección transversal al grano varía según el tipo de madera, su contenido de humedad y las condiciones en que se emplea. Una temperatura y humedad ambiental uniformes tienden a estabilizarla en un estado determinado, pero los cambios hacen que se mueva ostensiblemente. La anchura variará entre una centésima y una quincuagésima parte del total; por ejemplo, entre 3 y 6 mm para un ancho de 30 cm.

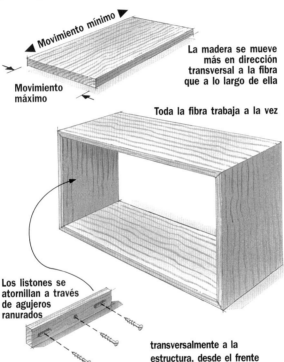

Movimiento mínimo

Movimiento máximo

La madera se mueve más en dirección transversal a la fibra que a lo largo de ella

Toda la fibra trabaja a la vez

Los listones se atornillan a través de agujeros ranurados

Construcción del armazón

Si construye el mueble de modo que el grano discurra en la misma dirección en todo el perímetro, el conjunto entero trabajará a la vez: cualquier movimiento que se produzca será hacia adelante. Los listones que se instalen transversalmente a la estructura, desde el frente hasta el fondo, no se deben encolar sin más. Para permitir las contracciones y dilataciones de la madera hay que atornillarlos a los laterales: inserte el tornillo central en un agujero redondo, y los demás en orificios ranurados. La longitud del listón debe ser la adecuada para que no tropiece contra el fondo o las puertas cuando se dilate. ▲

Construcción de paneles

Cuando se inserta madera maciza dentro de un bastidor, hay que permitir el movimiento del panel dentro de la ranura. Déjelo sin encolar, o ponga sólo una gota de pegamento en la parte central para que los extremos puedan moverse. ▶

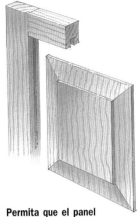

Construcción del fondo

El mismo procedimiento es necesario para los fondos de estos muebles, que pueden ser de madera maciza o de contrachapado. ▼

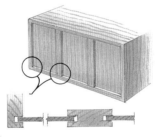

Fondo encajado en un bastidor ranurado

Permita que el panel se mueva dentro de la ranura del bastidor

Tableros de mesa

El mismo principio se aplica a los tableros de mesa de madera maciza, en los que se atornillan listones por la parte inferior para mantenerlos planos. El diseñador y artesano Alan Peters corta y embute estos listones en unos cajeados en cola de milano, lo que añade un detalle visual muy decorativo a sus mesas. ▼

Los listones atornillados a través de agujeros ranurados mantienen planos los tableros de las mesas

Detalle de un cajeado en cola de milano

Montante para reforzar el fondo de un cajón ancho

Dirección del grano en los cajones

Cajones

En los cajones, el grano de la madera debe seguir la dirección que se muestra en el dibujo. Los fondos de contrachapado no plantean problemas, pero cuando son de madera maciza el grano debe discurrir de un costado al otro, y los tornillos que lo sujetan a la trasera deben pasar por unos agujeros ranurados para permitir el movimiento de la madera. ▲

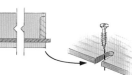

Agujero ranurado para tornillos

TABLEROS MANUFACTURADOS

Los tableros manufacturados son inertes; cualquier movimiento de los mismos se producirá en todas direcciones, por lo que los sistemas de ensamblado se simplifican mucho.

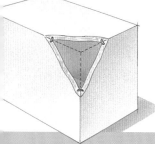

CÓMO MANTENER A ESCUADRA LOS ARMARIOS

Los armarios deben estar a escuadra. Cualquier distorsión puede hacer que los ensambles fallen y que las puertas y cajones se atasquen. Las juntas de las esquinas no suelen ser lo bastante sólidas como para mantener fija la estructura por sí solas.

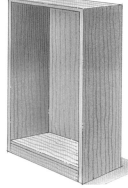

Suelo de armario con peto

Consolidación por medio del suelo del armario

Un suelo construido como una tapa de caja con cuatro laterales sigue un principio estructural similar al del travesaño ancho de un bastidor. Si la caja es fuerte y rígida, con los laterales bien afianzados, conferirá rigidez a todo el armario. ▲

Caja con las esquinas hechas a inglete reforzado con lengüetas o tacos planos

Fondo hecho de contrachapado o a base de un bastidor con panel

Consolidación por el fondo del armario

En muchos diseños, la rigidez se basa en el fondo del armario, que consiste en un tablero de contrachapado introducido en ranuras o rebajos. ▲

Consolidación por medio del interior del armario

En el dibujo se muestra un armario provisto de divisiones verticales, anaqueles y correderas de cajones. La dirección del grano de todas las piezas debe permitir el movimiento de la madera. ▼

Hay muchos tipos de ensambladuras. Si emplea madera maciza, pueden ser decorativas y estar a la vista. Las de las esquinas suelen hacerse en cola de milano, y las divisiones se aseguran mediante múltiples ensambles de caja y espiga.

Si a la hora de construir un armario no quiere que se vean, utilice para las esquinas ensambles en cola de milano solapada, oculta con espaldón, u oculta con inglete. Para las divisiones, emplee ensambles por cajeado recortado en cola de milano. Sin embargo, siempre que permita que la madera se mueva, puede ensamblar el armario sencillamente mediante lengüetas o tacos planos.

Los tableros manufacturados admiten bien la pintura o el revestimiento con chapa, lo que contribuye a que los sistemas de refuerzo –clavijas, lengüetas o tacos planos– queden escondidos en los ingletes. También se emplean simples ensambles a tope encolados y reforzados con clavos o tornillos embutidos, tapando los agujeros con masilla cuando se van a pintar.

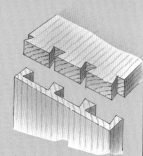

Cola de milano solapada

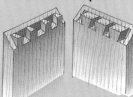

Cola de milano oculta con inglete

Ensamble a inglete

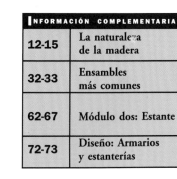

Acabados de la madera

Los acabados se aplican a la madera para realzar sus cualidades decorativas así como para protegerla de los elementos y de los desperfectos producidos por el uso. La elección del acabado dependerá de la naturaleza del mueble, de las características de la madera empleada para construirlo y de su ubicación.

Hay muchas opciones donde elegir y la decisión ha de tomarse basándose en consideraciones de tipo práctico, como la protección del mueble o el modo de realzar el aspecto de una madera en particular. En algunas clases de madera a veces es oportuno dejarla al natural, especialmente cuando se vaya a emplear en interiores; sin embargo, el acabado la realza en la mayoría de los casos.

TIPOS DE ACABADO

El espesor total del acabado puede ser mayor o menor. Aunque no se suele dejar la madera completamente desnuda, tal vez desee utilizar un acabado muy fino, como el aceite o la cera: realzan su aspecto y hasta cierto punto la protegen sin alterar sus características naturales. Sin embargo, en ambos casos la suciedad penetra fácilmente en los poros, así que habrá que ocuparse regularmente de retocar el acabado añadiendo más cantidad, o incluso eliminándolo y aplicando una nueva capa.

A veces se emplea un acabado más grueso que tapa los poros de la madera, pero sin sellarlos del todo. De este modo el grano se verá y sentirá al tacto. En cambio, hay ocasiones en las que es preferible rellenar por completo los poros aplicando un acabado grueso, de modo que se aprecien el color y el veteado de la madera pero sin notar su textura.

El acabado puede ser mate, satinado o brillante. Cuanto más brillante se desee, más grosor deberá tener, así que habrá que aplicar una imprimación o tapaporos y varias capas de laca o barniz, lijando entre capa y capa.

La madera también puede dejarse al natural. Frótela simplemente con lana de acero muy fina si desea obtener una superficie mate.

Si la prefiere satinada, utilice lana de acero con cera. Para un acabado muy grueso, emplee barniz y brúñalo para conseguir una capa protectora hermética con mucho brillo.

1. Aceite de linaza
El aceite de linaza necesita varias semanas de secado entre capa y capa, pero el acabado es muy duradero.

2. Aceite de tung y aceite danés
Ambos tipos de aceite llevan incorporados compuestos químicos para acelerar el proceso de secado.

3. Cera de abeja
La cera de abeja es una cera natural que necesita cuidados regulares si se emplea sola.

4. Cera en pasta
Por regla general, esta cera no debe emplearse sola; es mejor aplicarla sobre otro acabado.

5. Laca o barniz transparente
Se aplica a pistola o, diluyéndolo, a brocha. Puede ser o no de dos componentes (es decir, que necesite o no un catalizador).

6. Barniz de poliuretano
El barniz de poliuretano es una resina sintética fácil de aplicar y muy resistente al uso.

7. Tintes para madera
Los tintes para madera son útiles para realzar una madera de color indefinido

(por ejemplo, algunos tipos de caoba) o si se desea conseguir un color no natural (por ejemplo, los colores primarios).

8. Goma laca
La goma laca proporciona un acabado muy bello, pero se daña fácilmente con el calor y la humedad.

9. Brochas y pinceles
Las brochas para aplicar acabados tienen una amplia gama de precios. Todas necesitan cuidados a su limpieza y almacenamiento.

10. Aerosoles
Los aerosoles se utilizan para trabajos pequeños. Los hay celulósicos o acrílicos; resultan muy caros para obras de envergadura.

11. Muñequilla
Se hace envolviendo guata de tapicero o algodón en un trozo de tela. Se utiliza para aplicar la goma laca y los aceites.

Nogal encerado

TIPOS DE MADERA: ACABADOS MÁS APROPIADOS

Se puede utilizar cualquier acabado sobre cualquier madera, pero algunas se prestan mejor a unos acabados que a otros.

Roble ahumado: Los vapores de amoníaco oscurecen la madera que contiene ácido tánico. En el roble se consigue desde un color miel dorado hasta un marrón oscuro. A continuación se aplica un acabado de laca o barniz transparente para proteger el color.

Caoba con brillo intenso: Tradicionalmente se aplican a la caoba acabados muy brillantes. A menudo necesita un tinte para realzar su color, puesto que hoy día hay pocos tipos disponibles que tengan la intensidad de color de la caoba cubana empleada en los siglos XVIII y XIX.

Teca al aceite: Las propiedades naturales de esta madera la hacen resistente a la putrefacción y al ataque de los insectos, resultando ideal para un acabado al aceite.

Fresno con laca o barniz mate: El fresno tiene un grano interesante y es preferible no aplicar acabados gruesos; el idóneo es el mate.

Nogal encerado: El nogal es una madera muy bonita que cobra muy buen aspecto con la cera. Cuando es oscura, la cera blanca no siempre resulta apropiada; compre una de su color.

Estante

El estante ya acabado que se muestra en la foto es engañosamente sencillo. Los laterales están unidos al techo y al pie con ensambles en cola de milano oculta con inglete. En este tipo de junta, la cola de milano está completamente escondida por los espaldones del inglete y su realización constituye un verdadero alarde de marcado y corte de precisión. El fondo consiste en un panel acoplado en un bastidor ranurado, construido a base de ensambles de caja y espiga.

El rebajo practicado en todo el perímetro del bastidor permite que el fondo encaje limpiamente en una ranura preparada al efecto en el estante.

El anaquel se une a los laterales con ensambles por cajeado recortado. Una vez terminado el estante, se cuelga por el travesero superior del bastidor del fondo mediante un sistema inteligente y sencillo.

OBJETIVOS DEL PROYECTO

Enseñar a hacer ensambles en cola de milano oculta con inglete.
Construcción de una estructura a base de bastidor y panel.
Realización de ensambles por cajeado recortado.

HERRAMIENTAS NECESARIAS

Tiza, lápiz, metro de carpintero, serrucho para tableros, gramil de marcar, cuchillo de marcar, garlopa, sierra para colas de milano, surtido de formones, cepillo de espaldón, gramil de escoplear, escuadra, fresadora eléctrica portátil o cepillo acanalador, y cepillo tupí, tornillos de apriete, cuchilla de carpintero, taco de lijar.

TIEMPO DE EJECUCIÓN

Si es usted principiante en la carpintería necesitará bastante tiempo para llevar a cabo este proyecto. Precisará por lo menos tres o cuatro fines de semana.

PUNTOS CLAVE QUE DEBE RECORDAR

A la hora de practicar por primera vez nuevas técnicas como el corte de colas de milano, o cualquier otro ensamble sofisticado, es conveniente hacer algunos ensayos previos antes de lanzarse a trabajar en el proyecto definitivo.

SEGURIDAD E HIGIENE

Siga al pie de la letra los consejos de la página 9.

ELECCIÓN DE LA MADERA

Para este mueble, es posible emplear casi cualquiera de las maderas duras de calidad utilizadas en ebanistería. Escoja una que no sea ni demasiado dura ni demasiado blanda: entre las de color claro, las más apropiadas son el arce, el fresno o el haya; entre las rojizas, la caoba; y, entre las oscuras, el nogal.

Las maderas blandas que se emplean en carpintería de taller –o las maderas blandas que son duras y quebradizas como el tejo– no son recomendables, ya que para que encajen bien los ensambles los cortes deben ser limpios y precisos.

ELEMENTOS NECESARIOS		
Nº	Madera de sierra	Madera cepillada
2	LATERALES 610 × 280 × 25 mm	560 × 250 × 20 mm
1	TECHO 432 × 280 × 25 mm	380 × 250 × 20 mm
1	PIE 432 × 250 × 25 mm	380 × 235 × 20 mm
1	ANAQUEL 380 × 250 × 20 mm	356 × 230 × 12 mm
2	LARGUEROS DEL BASTIDOR DEL FONDO 610 × 45 × 25 mm	565 × 38 × 20 mm
2	TRAVESEROS DEL BASTIDOR DEL FONDO 406 × 60 × 25 mm	356 × 50 × 22 mm
1	LISTÓN DE LA PARED 305 × 45 × 12 mm	280 × 35 × 10 mm
1	PANEL DEL FONDO tablero manufacturado de aproximadamente 480 × 305 × 6 mm	
+ cinta adhesiva, acabado, cola, clavijas, tornillos y material para la superficie del tablero (230 × 230 × 6 mm)		

PLANOS

Los dibujos de esta página muestran los diferentes alzados y secciones junto con una perspectiva del mueble "desmontado".

Escala 1:9

El fondo se desliza desde abajo por unas ranuras practicadas en los laterales y en el techo

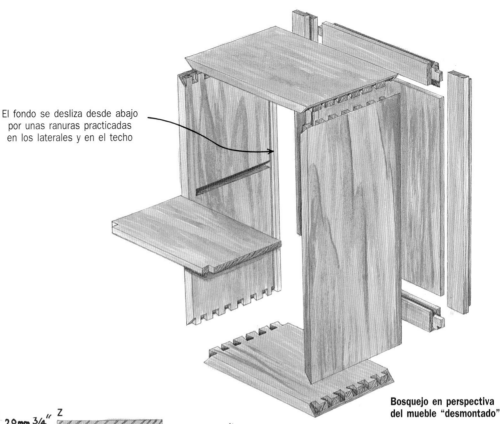

Bosquejo en perspectiva del mueble "desmontado"

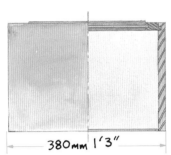

380mm 1'3"

Sección de la planta por la línea A-A

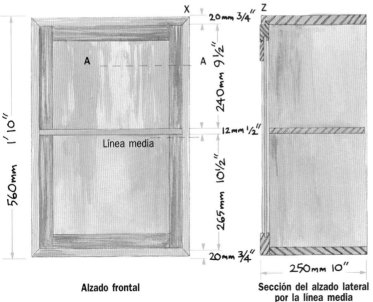

X
20mm 3/4" Z

A ---- A

240mm 9 1/2"

Línea media

12mm 1/2"

265mm 10 1/2"

560mm 1'10"

20mm 3/4"

Alzado frontal

250mm 10"

Sección del alzado lateral por la línea media

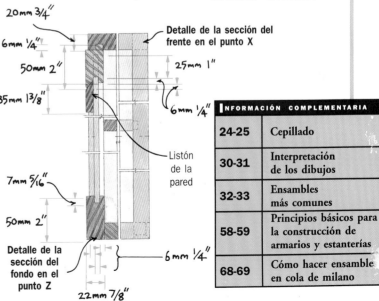

20mm 3/4"

6mm 1/4"

50mm 2"

35mm 13/8"

Detalle de la sección del frente en el punto X

25mm 1"

6mm 1/4"

Listón de la pared

7mm 5/16"

50mm 2"

Detalle de la sección del fondo en el punto Z

6mm 1/4"

22mm 7/8"

COMPRA DE LA MADERA

1 La mayor parte del material necesario para este proyecto se puede sacar de un solo tablero de madera de sierra de 25 mm de grosor.

2 Marque con tiza todas las piezas y córtelas concienzudamente.

CEPILLADO Y ESCUADRÍA DE LAS PIEZAS

3 Cepille las caras y cantos vistos y póngales la señal correspondiente. Marque a gramil la anchura de las piezas y cepíllelas hasta conseguirla. Luego repita esta operación para obtener el grosor.

MARCADO DEL ESTANTE

4 Marque las partes principales del estante: los dos laterales, el techo y el pie. Como comprobará en los dibujos, esta última pieza es ligeramente más estrecha que las otras tres, ya que el fondo se debe deslizar desde abajo por unas ranuras.

5 Trace a lápiz las longitudes totales y las distancias entre espaldones, así como la posición que ocupará el anaquel. Compruebe todas las marcas antes de empezar a cortar.

6 Labre las ranuras de los laterales y el techo donde va a ir alojado el fondo. Será una labor sencilla si dispone de una fresadora eléctrica portátil; en caso contrario, emplee un cepillo acanalador. ▲

ENSAMBLES DE LAS ESQUINAS

7 Las esquinas de este estante se podrían unir con ensambles a inglete reforzados con clavijas, lengüetas o tacos planos; o bien en cola de milano vista, solapada, oculta con espaldón u oculta con inglete. En este caso, ármese de paciencia y dispóngase a construir ensambles en cola de milano oculta con inglete. Es importante que, antes de lanzarse a hacerlos en la pieza definitiva, haga una prueba con unos trozos de madera que no le sirvan.

8 Preste especial atención a la hora de marcar las juntas entre el pie y los dos laterales, porque en la esquina trasera de éstos hay un punto (el borde posterior de la ranura vertical) que debe estar a escuadra en vez de a inglete.

9 Marque los espaldones en las caras interiores, y el inglete en los cantos. En todos los ensambles hay que hacer un rebajo transversal a lo largo de la testa de las dos piezas que va a unir. El borde interior del rebajo –el espaldón– representa la futura hilera de colas o de dientes. Como es habitual en estos casos, las colas van en los laterales y los dientes en el techo y en el pie.

10 Primero hay que marcar y cortar los dientes en el techo y el pie. ▼

11 Para ello, haga una serie de cortes con la sierra y elimine después la madera sobrante desbastándola con un formón. ▼

12 Marque las colas en los laterales, pero antes de hacerlo numere o asigne letras bien visibles a cada ensamble. Elabore cada uno por separado, marcando la posición exacta de las colas empleando los dientes como plantilla. No se olvide de sombrear a lápiz la parte de la madera que debe eliminar. ▼

13 Elimine la madera sobrante entre las colas por medio de una sierra para colas de milano y un formón.

14 Ahora habría que proceder a encajar con pequeños golpes los ensambles. Aunque las colas de milano sólo encajarán parcialmente mientras no haga los ingletes, a pesar de todo en esta etapa podrá hacer las comprobaciones y ajustes necesarios. ▼

15 Proceda a cortar los ingletes de la testa y de los cantos delantero y trasero. Una vez hecho esto, los ensambles deberían encajar a la perfección. ▶

16 Monte el estante en seco, sin encolar, y compruebe que todas las juntas ajustan bien. ▲

ANAQUEL

17 En la longitud total del anaquel se incluyen las lengüetas que se introducirán en los cajeados de los laterales. Trace a lápiz, a 6 mm de cada extremo, las líneas de los espaldones. La distancia entre ellos coincidirá exactamente con la que hay entre los bordes interiores de las hileras de dientes del techo y el pie. ▼

18 Proceda ahora a serrar los espaldones y repáselos con el cepillo de espaldón. ▼

19 Desmonte el estante y marque los cajeados de los laterales, primero a lápiz y luego con el cuchillo de marcar. En este primer trabajo es conveniente que haga las lengüetas rectas y labre espaldones tanto en la cara superior como en la inferior del anaquel, aunque en este tipo de ensambles pueden ir sólo en una cara, e incluso recortarse la lengüeta y el cajeado en media cola de milano.

INFORMACIÓN COMPLEMENTARIA	
70	Sujeción y prensado
86-87	Cómo utilizar una fresadora portátil

20 Haga los cajeados de los laterales. Vuelva a comprobar la distancia entre los espaldones, marque la longitud de las lengüetas y ajústelas para que entren en los cajeados. ▼

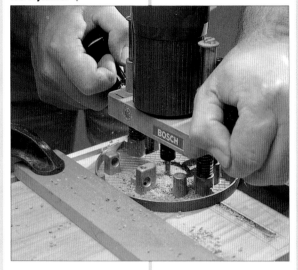

21 Vuelva a montar toda la estructura en seco y compruebe que las esquinas están a escuadra y que las diagonales miden lo mismo, tanto en la parte delantera como en la trasera. ▼

22 Emplee tornillos de apriete para determinar el mejor modo de montaje. Generalmente, en este tipo de ensambles sólo se necesita apretar lo justo para que las colas y los dientes encajen del todo.

23 Desmonte otra vez la estructura, limpie bien el anaquel y las caras interiores del estante, enmascare las superficies de encolado de los ensambles y aplique el acabado a todo el interior.

24 Quite la cinta adhesiva de los ensambles, encólelos y monte la estructura con los tornillos de apriete, sin olvidar comprobar de nuevo que está a escuadra.

25 Cuando haya secado la cola, lije el exterior del estante y aplique el acabado. ▼

BASTIDOR DEL FONDO

26 Marque los largueros y traveseros. Se trata de un simple bastidor con ensambles de caja y espiga en las cuatro esquinas. Como está ranurado para albergar el panel de contrachapado los cogotes son rectos, en lugar de biselados como en la mesa auxiliar del Módulo uno, para que rellenen los extremos de la ranura. ▼

27 Labre la ranura en el canto interior de las piezas del bastidor utilizando una fresadora eléctrica portátil. Fíjese en que el travesero superior es más grueso que los dos largueros. Esto es así para que el estante se mantenga separado de la pared al colgarlo del listón atornillado en la misma. ▶

28 Marque y cepille el bisel del travesero superior donde encajará el listón de soporte. Recuerde que la cara que sobresale debe quedar hacia la parte de atrás del bastidor, la que tocará con la pared; para verlo mejor, estudie el detalle a tamaño real del dibujo. Vuelva a comprobar de nuevo todas las marcas antes de cortar las piezas.

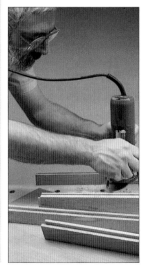

29 Escoplee las cajas y corte las espigas provistas de cogotes, no sin antes haber comprobado de nuevo las marcas.

30 Marque el panel del fondo en el tablero de contrachapado. Compruebe que las medidas son correctas, córtelo y ajústelo en el bastidor. Monte el conjunto en seco, póngale tornillos de apriete y compruebe que está a escuadra.

31 El bastidor del fondo lleva un rebajo en los cantos exteriores para poder deslizarlo por las ranuras de la parte posterior del estante. Proceda a realizar ahora este rebajo. ▼

32 Si todo está en orden, encole el fondo, comprobando que los ángulos sean rectos y no quede alabeado. Quite los tornillos de apriete cuando haya secado la cola. A continuación, compruebe que encaja bien en las ranuras. ▲

33 Aplique el acabado al resto de las piezas. Deslice el fondo de abajo arriba por las ranuras hasta colocarlo en su sitio. Recuerde que el travesero biselado debe quedar en la parte superior del estante. Asegure el fondo al estante colocando dos tornillos en la parte correspondiente al pie. ▼

34 Construya el listón de soporte que va en la pared, y haga a cepillo el bisel que servirá para que encaje en el travesero superior del fondo. Atornille el listón a la pared. ▼

35 En la realización de este proyecto se ha empleado toda una serie de técnicas clásicas de ebanistería. ▶

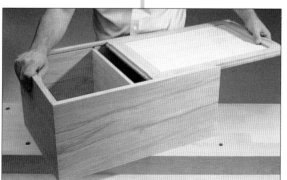

INFORMACIÓN COMPLEMENTARIA	
47	Preparación de las superficies
71	Cómo aplicar los acabados

Cómo hacer ensambles en cola de milano

A muchos ebanistas les encanta construir ensambles en cola de milano porque requieren una especial pericia. Este tipo de junta mantiene unidas en ángulo dos piezas de madera en las esquinas de un armario o cajón. En una parte del ensamble va la hilera de colas y en la otra la de dientes. Hay otros métodos para hacer juntas angulares de piezas al largo, pero el ensamble en cola de milano vista –o sencilla– constituye una prueba de la habilidad de un carpintero. Es el que se explica aquí.

Las proporciones de la cola de milano se calculan a ojo para conseguir un resultado equilibrado y atractivo, teniendo en cuenta la anchura de las piezas que se van a ensamblar. Dibuje las proporciones en un papel y luego decida qué hacer primero, si los dientes o las colas. Cuando la cola de milano es vista, cualquiera de los dos métodos es válido; pero si es solapada, o está oculta   n espaldones o

ingletes, resulta más fácil hacer primero los dientes y marcar las colas utilizado éstos como plantilla.

Preparación de las piezas

Hay dos métodos de trabajo: hacer los dientes y colas a su longitud o hacerlos más largos, de modo que sobresalgan de las caras de la pieza. El mejor sistema es construir el ensamble con las medidas exactas desde el principio; este método será necesario para diversas aplicaciones que se explicarán más adelante. Obtenga la escuadría de las dos piezas de madera: cepille la cara y el canto vistos, márquelos a gramil, y luego vuelva a cepillar las piezas hasta darles la anchura y grosor necesarios. Corte a escuadra las testas.

La madera

La cola de milano vista se emplea para las esquinas de armarios, estantes, o cajones. Emplee dos piezas de 20 cm de largo por 10 de ancho y 20 mm de grosor.

Proporciones de la cola de milano

A continuación se muestran diversas formas de disponer las colas de milano. Generalmente los dientes son más delgados que las colas. Para que sean sólidos, los ángulos no deben ser demasiado pronunciados –dejaría la fibra muy corta en las esquinas de las colas, debilitándolas– ni tampoco muy planos.

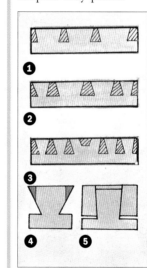

Tipos de cola de milano
1. Espaciado uniforme de dientes y colas
2. Colas agrupadas en los laterales
3. Ensamble decorativo y funcional
4. Demasiada inclinación
5. Insuficiente inclinación

MARCADO DE LOS DIENTES

1 Gradúe la hoja del gramil de cortar a una distancia igual al grosor de la madera y a continuación, apoyando el cabezal en la testa, trace alrededor de un extremo de cada pieza una línea transversal a partir de la que se construirán los dientes y las colas. ▶

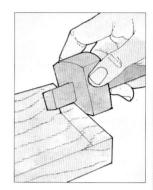

2 Sujete una de las piezas en el tornillo de banco con el extremo marcado hacia arriba. Utilizando una falsa escuadra, marque los dientes a lápiz y sombree la parte de la madera que hay que eliminar. Cuando esté seguro de que dichas líneas están bien, proceda a trazar las líneas de corte en la testa con un cuchillo de marcar. Más adelante, si tiene que hacer muchos ensambles de este tipo, tal vez le convenga comprar, o fabricarse usted mismo, un marcacolas de milano. ▶

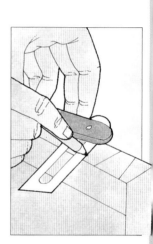

3 Apoyando el talón de la escuadra en la testa, marque con el cuchillo en las caras de la pieza las líneas verticales de los dientes, desde las líneas de la testa hasta la línea transversal efectuada con el gramil. ▶

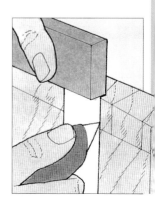

CORTE DE LOS DIENTES

1 Empleando una sierra para colas de milano, corte cuidadosamente por las líneas de la testa, y siempre por el lado de la madera sobrante, hasta llegar a la línea transversal. ▶

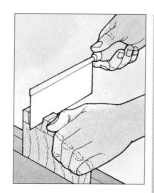

2 Elimine los trozos sobrantes con una segueta, sin acercarse más de 1,5 mm a la línea transversal. ▼

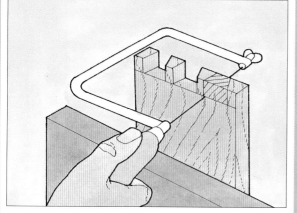

3 Desbaste a formón, hasta la línea transversal, las partes de testa que quedan entre los dientes, iniciando los cortes desde cada una de las dos caras de la pieza para no astillar la superficie de la madera. Con esto conseguirá una serie de limpios "agujeros" en donde encajarán las colas. ▶

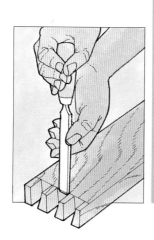

MARCADO DE LAS COLAS A PARTIR DE LOS DIENTES

1 Ponga sobre el banco la pieza que va a llevar las colas, con la cara vista hacia arriba, y coloque sobre ella la otra pieza en la posición en que deberá encajar. Apoyando el cuchillo de marcar contra los laterales de los dientes, trace las líneas de corte. ▼

2 Sombree las zonas de la madera que hay que eliminar. Compruebe que ha realizado un marcado correcto y luego, por medio de la escuadra y el cuchillo, trace en las dos caras de la pieza las líneas transversales que unen las colas. ▼

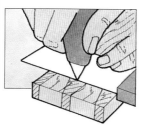

CORTE DE LAS COLAS

1 El procedimiento es similar al efectuado en el caso de los dientes. Corte cada línea por el lado sobrante de la madera hasta llegar a la línea transversal. ▲

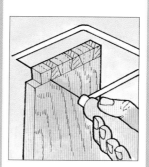

2 Elimine los trozos sobrantes con la segueta y, como ya hizo anteriormente, desbaste a formón hasta la línea transversal. ▲

MONTAJE DE LAS DOS PIEZAS

1 El ensamble debería encajar a la primera. Sin embargo, como es su primer intento, sujete en el tornillo de banco la pieza de los dientes, con éstos hacia arriba, y coloque en la posición correcta la pieza de las colas. Protegiendo el exterior de la misma con un trozo de madera, encaje el ensamble unos 3 mm con pequeños golpes. ▼

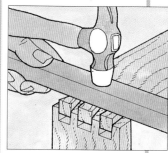

2 Compruebe qué tal encaja el ensamble y si es necesario repasarlo a formón. Cualquier estorbo existente entre los dientes y las colas quedará de manifiesto al desmontarlo. Repase cuidadosamente con el formón las zonas que lo requieran –sin eliminar demasiada madera– y vuelva a montar el ensamble, que esta vez debería encajar hasta el fondo.

INFORMACIÓN COMPLEMENTARIA	
9	La seguridad es lo primero
62-67	Módulo dos: Estante

Sujeción y prensado

Siempre que vaya a utilizar un sistema cualquiera de prensado, proteja la superficie de la pieza mediante pequeños tacos de madera interpuestos entre ella y las mandíbulas del tornillo de apriete o del sargento. Es conveniente sujetar antes estos tacos de protección a las mandíbulas del mecanismo de prensado con cinta adhesiva corriente o cinta adhesiva por las dos caras.

A la hora de construir un tablero ancho a partir de tablas más estrechas, disponga los tornillos de

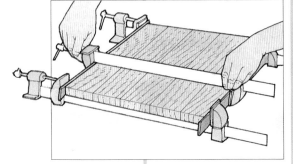

apriete de modo que unos queden por encima y otros por debajo del tablero.

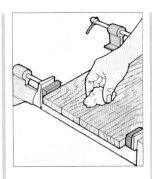

1 Coloque unos tornillos de apriete sobre el banco. Encole las tablas por los cantos, colóquelas sobre los tornillos y apriete suavemente las juntas. Elimine cualquier exceso de cola que sobresalga. ▲

2 Coloque otros tornillos por encima de las tablas y apriete ahora todos los tornillos. Así evitará que el tablero se combe. Este tipo de tableros puede construirse mediante simples juntas a tope encoladas, o bien reforzadas con clavijas, machihembrados o tacos planos. ▲

PRENSADO DE UN BASTIDOR O DE UN ARMAZÓN

1 Los tornillos de apriete garantizan que los ensambles ajustan bien. Compruebe con la vista que no queda alabeado o torcido, mirando de un travesaño a otro, de un larguero a otro o de una pata a otra. ▼

2 Compruebe los ángulos del bastidor con una escuadra y mida las dos diagonales para ver si son iguales. Si está fuera de escuadra, desplace los tornillos de apriete para corregirlo. ▼

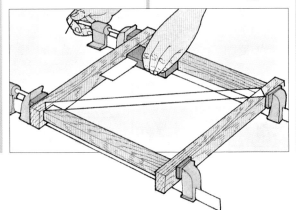

PRENSAR UN INGLETE

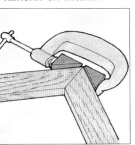

Hay dos métodos para hacerlo. Uno consiste en utilizar cuatro tornillos de apriete y tensarlos para asegurarse de que los ingletes se cierran bien. Este método es adecuado cuando los ingletes están reforzados con clavijas.

Si se utilizan lengüetas o tacos planos pueden sugir problemas de deslizamiento; es mejor usar el segundo método: encole unos tacos triangulares de madera blanda en la parte exterior de las esquinas del bastidor. Esto permite que los sargentos ejerzan una presión uniforme en todo el ensamble.

Cuando la cola haya secado, corte con una sierra estos tacos y cepille los cantos exteriores del bastidor. ▲

PRENSADO DE UN ARMARIO O ESTANTERÍA

Los principios del prensado y la comprobación de ángulos rectos son similares a los aplicados en el caso del bastidor o del armazón. Sin embargo, en los armarios o estanterías la operación es a veces bastante más compleja, requiriendo el uso de muchos tornillos de apriete.

Es esencial planificar concienzudamente el ensamblado y montaje del mueble y hacer una prueba previa, sin utilizar cola, antes de proceder al montaje definitivo.

EMPLEO DE UN TORNILLO DE APRIETE SUJETO EN EL TORNILLO DE BANCO

Sujete el tornillo de apriete en el de banco colocando a cada lado unos tacos. Emplee esta técnica para piezas largas; por ejemplo, cuando tenga que cepillar un listón de sección cuadrada para convertirlo en un cilindro, o para construir piezas facetadas (de sección hexagonal, octogonal, etc. ▼

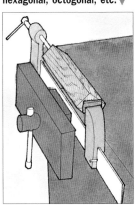

Cómo aplicar los acabados

Los acabados disponibles en el mercado ya se han descrito brevemente en una sección anterior de este libro. Lo primero que tiene que hacer es decidir qué acabado es el más apropiado para el mueble que ha construido. Esta decisión dependerá tanto de la naturaleza de la obra en sí como del uso que le vaya a dar y de su ubicación definitiva. Para los tableros de las mesas, lo mejor es una laca o barniz resistente, mientras que en ciertas sillas es preferible un aceite. Tenga siempre en cuenta que, antes de aplicar cualquier acabado, la superficie de la madera debe estar bien preparada mediante su cepillado, acuchillado y lijado.

APLICACIÓN DE ACEITE CON UN TRAPO

Coja un trapo limpio y suave, dóblelo varias veces hasta convertirlo en una pequeña almohadilla, mójela en el aceite y frote con ella la madera. No aplique demasiada cantidad; la superficie no debe quedar encharcada de aceite. Pasados unos minutos, debe secar el excedente que no haya sido absorbido por los poros.

Aplique varias capas ligeras en vez de una espesa. El aceite es un tipo de acabado que necesita tiempo. Hay un dicho que viene muy

APLICACIÓN A BROCHA DE LACA O BARNIZ

No intente dar capas gruesas; deben ser delgadas y hay que dejar que empapen bien los poros de la madera (figura superior). Cuando la laca o barniz haya endurecido lije el mueble suavemente con papel de carburo de silicio, utilizando los sucesivos grados del papel hasta acabar por el más fino. La superficie ha de estar libre de polvo antes de aplicar cada capa. Finalmente, encere el mueble y sáquele brillo. ▲

bien al caso: "Apliquelo una vez al día durante una semana, una vez a la semana durante un mes, y una vez al mes durante un año". ▼

APLICACIÓN A PINCEL DE LACA O BARNIZ DE DOS COMPONENTES

1 Mezcle el endurecedor (catalizador) con la laca o barniz en la proporción recomendada por el fabricante, que generalmente es de una parte por cada nueve de la laca o barniz. ▶

2 Mezcle sólo la cantidad que vaya a necesitar puesto que el sobrante se vuelve gelatinoso, endurece y ya no se puede volver a utilizar. Aplique capas finas con el pincel. Lije entre capa y capa tal como se explicó, en el apartado anterior. Las sucesivas aplicaciones darán como resultado un buen acabado muy resistente al uso. ▶

3 Tras la última capa, si desea un acabado satinado aplique cera (ver el apartado "Aplicación de cera" situado a la derecha de la página) o, si prefiere un acabado muy brillante, pula o bruña la superficie, ya sea mecánicamente o mediante una crema pulimentadora. ▶

FABRICACIÓN DE UN RECIPIENTE PARA CONSERVAR LOS PINCELES

Un pincel es una herramienta especializada y cara; para guardarla bien, muchos carpinteros fabrican un recipiente especial con un tarro de vidrio y una tapa metálica a rosca, y lleno de disolvente o diluyente de la laca o barniz. Haga un agujero en la tapa y pase el mango del pincel a través del mismo, de modo que las cerdas queden suspendidas en el líquido. El pincel se mantendrá en buen estado y listo para su uso. ▼

APLICACIÓN DE CERA

La cera es lo mejor para dar un acabado final a los aceites, lacas y barnices. Apliquela en capas muy delgadas con una bayeta o con lana de acero muy fina. Déjela secar durante algún tiempo y luego sáquele brillo con un trapo seco suave.

Armarios y estanterías

El mueble básico de este tipo, provisto de cuatro lados y un fondo, se puede hacer de maneras distintas.

En el Módulo dos ya se vio el método clásico, consistente en fabricar una estructura de madera maciza uniendo tablas con ensambles en cola de milano.

Los ensambles son ocultos o visibles, realzando el atractivo de la obra acabada. El cuerpo del mueble puede ser de madera maciza o llevar un armazón de bastidores y paneles, como el utilizado en el escritorio del Módulo seis.

LA FORMA Y EL TAMAÑO

Estos muebles tienen formas y tamaños muy diversos, en función de lo que se va a guardar en ellos y del espacio disponible. Por ejemplo, los de gran volumen se apoyan directamente en el suelo, y generalmente se utilizan también como librerías o aparadores.

Los estantes también son susceptibles de utilizarse en conjunto con otros muebles, por ejemplo con una mesa de trabajo. También se pueden combinar entre sí módulos de armarios de diferentes dimensiones y proporciones para conseguir elementos más complejos, como vestidores, guardarropas o armarios roperos.

Si van a tener que aguantar grandes pesos, los estantes deben anclarse sólidamente a la pared. Además de colgarlos por la parte superior, es conveniente añadir un soporte adicional mediante un sólido listón atornillado a la pared sobre el que se apoyen.

Estantería

Estante de pared

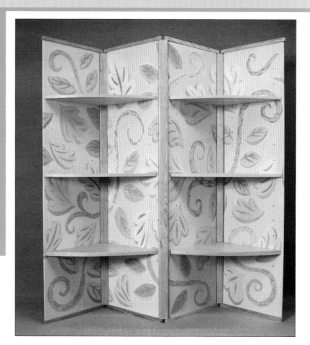

LEE SINCLAIR •
Biombo–estantería
Construido en DM pintado y madera de fresno, esta inteligente combinación de biombo y estantería proporciona una nueva dimensión al clásico biombo. Los paneles han sido decorados por Cynthia Harrison con pintura acrílica sobre la que se aplicó más tarde un barniz transparente.

Proporciones
Haga un dibujo a escala del alzado frontal para estudiar las posibles variantes en el diseño. La forma debe tener unas proporciones y un equilibrio adecuados. El dibujo también servirá para comprobar si el mueble tiene capacidad para contener todos los objetos que desea guardar en él. Un mueble alargado probablemente necesite un refuerzo adicional en el medio. ▶

Si es alto posiblemente tenga poca estabilidad y necesite, por tanto, ir anclado a la pared aun cuando esté apoyado en el suelo. ▲

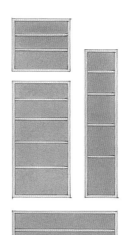

Interior del mueble
El interior admite también muy diversas distribuciones. Los anaqueles pueden variar en número y tamaño, y también combinarse con cajones. ▼

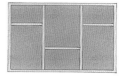

Hay anaqueles fijos o ajustables, que aumentan la versatilidad del mueble. Para darle más solidez, conviene que al menos uno de los centrales sea fijo. ▼

En el caso de una estantería abierta, en la que las baldas constituyan una parte importante del diseño, se necesita una cuidadosa planificación; podrían hacerse con una madera cuyo color contrastara con el de la estructura del mueble. ▼

PUERTAS

Estos muebles admiten una o varias puertas, así como combinaciones de zonas cerradas y abiertas. Las puertas se pueden construir a base de un armazón de bastidores y paneles para permitir el movimiento de la madera. Si las fabrica con tableros manufacturados, sin embargo, hágalas de una pieza.

El modelo más simple consta de una sola puerta con bisagras. ▼

Los modelos de dos puertas con el mismo sistema de bisagras son también muy sencillos, pero la apertura central les proporciona un aspecto muy diferente. ▼

Las puertas correderas deben discurrir por unas ranuras efectuadas en el interior del mueble. Se pueden hacer con una fresadora portátil, o comprar carriles prefabricados que se atornillan al mueble. En el caso de puertas de gran tamaño o muy pesadas, compre un sistema especial de rodillos y guías para la parte inferior. Este tipo de puertas correderas son útiles cuando existe poco espacio, pero con ellas no se accede a todo el armario al mismo tiempo, sino sólo a la mitad del mismo. ▼

Las puertas plegables, en cambio, permiten acceder a todo el interior. Se deben montar sobre un sistema especial de rodillos y guías. ▼

Las puertas pivotantes que se esconden en un lateral necesitan un compartimento con suficiente espacio para albergarlas. ▼

Las puertas plegables tipo trampón o abatibles requieren accesorios sofisticados. Antes de decidirse por un diseño de esta clase, cerciórese de que puede conseguir las bisagras y tirantes que precise. ▼

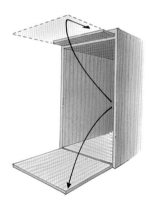

En lugar de puertas cabe la posibilidad de optar por cubrir el frente del mueble con un estor de tela o papel, una persiana enrollable o una de lamas. ▼

Estor de papel | **Persiana enrollable** | **Persiana de lamas**

NIC PRYKE •
Expositor
Este elegante mueble para exponer objetos fue encargado ex profeso por un museo. Las patas de roble, delicadamente ahusadas, se decoloraron y pulieron con chorro de arena. La pátina de los anaqueles de cobre se obtuvo sometiéndolos a la acción del calor y de productos químicos. ◀

Los proyectos que integran este curso le harán avanzar aún más en el dominio de la carpintería. El Módulo tres –el mobiliario infantil– presenta las técnicas que se utilizan para manipular los tableros manufacturados, materiales que se adaptan sin dificultad a cualquier diseño. Aunque son más fáciles de trabajar que la madera maciza, no por ello dejan de ser esenciales dos métodos aprendidos hasta ahora: el marcado y cepillado de precisión. El Módulo cuatro –la cómoda– explica la fabricación de cajones e incluye una variante de la construcción de armarios en la que se utilizan ensambles hechos a máquina. Para hacer un cajón se emplea una gran variedad de técnicas que le serán de suma utilidad en ulteriores trabajos. Este curso también le enseñará a construir sillas con un diseño muy simple, pero al mismo tiempo muy original, utilizando técnicas de curvado de la madera que contribuyen a dar un aspecto singular al respaldo y al asiento. Los ensambles de la silla son visibles y añaden un toque de efecto al conjunto. Cuando termine los muebles propuestos en estos módulos habrá adquirido una destreza que le será muy útil para acometer proyectos más complejos.

Herramientas eléctricas portátiles

Aun cuando es importante tomar contacto con la madera utilizando las herramientas manuales, sus homólogas eléctricas son inmensamente valiosas.

Las herramientas eléctricas portátiles no sólo son útiles para evitar los trabajos penosos y rutinarios, sino que con ellas los resultados se obtienen casi siempre de modo mucho más rápido y fácil que a mano. La fresadora portátil y la de juntas, en concreto, son las que mejor permiten llevar a cabo tareas que de otro modo exigirían una gran maestría, además de herramientas manuales muy especializadas. Ahora bien, debe seguir siempre al pie de la letra las instrucciones de seguridad cuando utilice herramientas eléctricas: son muy peligrosas.

1 Sierra circular portátil
Corta la madera tanto al hilo como de través, y se puede emplear como herramienta de mano o de banco, invirtiéndola e instalándola en una mesa especial. Ponga siempre mucho cuidado, utilice el protector de seguridad en todo momento y sea siempre muy metódico en su manejo.

2 Sierra de calar portátil
Dada su versatilidad, es una de las primeras herramientas eléctricas que debe tener. Hace cortes rectos y curvos de todo tipo, bien sea al hilo o de través. Resulta muy útil para trabajos que van desde el simple troceado de la madera hasta otros más sofisticados, como el r⸳ortado de piezas de forma c⸳⸳plicada. En principio, es un buen sustituto de la sierra de cinta y de la sierra de calar de banco. Poniendo cuidado, puede cortar maderas de hasta 50 mm de grosor. Acepta una gran varied⸳⸳ ⸳e hojas, e incluso cort⸳⸳ ⸳⸳as delgadas de me⸳ ⸳aminados plásticos.

3. Fresadora eléctrica portátil
La fresadora eléctrica portátil desempeña una gran variedad de funciones, desde el simple labrado de ranuras, cajeados y rebajos rectos hasta una amplia gama de pequeñas operaciones de moldurado, utilizando cualquiera de los muchos modelos de fresas existentes.

Hay también fresas especiales para hacer cajeados en cola de milano.

Una vez que se haya familiarizado con la herramienta, descubrirá que los únicos límites que tiene los pone su imaginación.

4. Fresas
Las fresas para la fresadora eléctrica portátil pueden ser de acero de alta velocidad (HSS) o tener punta de carburo de tungsteno (TCT). El diámetro es de 12, 9 o 6,38 mm.

5. Lijadora de cinta portátil
Es una herramienta muy eficaz, pero hay que manejarla con mucho cuidado porque puede dar al traste con trabajos delicados al

eliminar demasiada madera. Es preferible emplear el método tradicional de cepillo, cuchilla de carpintero y papel de lija.

La lijadora de cinta, sin embargo, resulta muy útil invertida en una mesa especial; se usa para lijar y dar forma a objetos pequeños.

6. Taladradora eléctrica
Probablemente es la más antigua de las herramientas eléctricas, utilizada desde hace mucho tiempo por los entusiastas del bricolaje. Es preferible tener por lo menos dos de diferente tamaño: una grande, para trabajos pesados, y otra pequeña, sin cable, para trabajos delicados. Existen en el mercado buenos soportes de columna que las convierten en taladradoras verticales.

7. Lijadora orbital portátil
Es un buen auxiliar para los acabados finales, pero no empiece a trabajar con lijas demasiado gruesas; como la placa de asiento se mueve elípticamente en vez de adelante y atrás, es fácil que deje marcas en la madera. Emplee primero métodos manuales y utilice sólo esta herramienta con lijas de grado 120 o incluso más finas. Sin embargo, cuando tenga que hacer una gran labor de lijado le descargará de gran parte del trabajo pesado. Además, los mejores modelos proporcionan unos resultados muy buenos.

8. Cepillo eléctrico portátil
Cuando se utiliza a mano adecuadamente, ahorra mucho esfuerzo a la hora de preparar la madera. También se puede invertir e instalarlo en una mesa especial para convertirlo en una pequeña máquina cepilladora. De este modo conseguirá una gran precisión, pero no olvide nunca seguir al pie de la letra las instrucciones de seguridad.

9. Fresadora de juntas
Es de muy reciente invención y se emplea mucho para hacer ensambles alternativos a los clásicos de clavijas y lengüetas. Es una herramienta muy eficaz para labrar los cajeados o ranuras que requieren los tacos planos prefabricados y facilita mucho el ensamblado de armarios y estanterías. Tiene la ventaja añadida de que es apta tanto para madera maciza como para tableros manufacturados.

10. Batería y recargador
Cada vez hay más herramientas que funcionan sin cables. Los recientes avances tecnológicos han alcanzado tales cotas que el tiempo de recargado de las baterías ha descendido de 16 horas a 5 minutos.

INFORMACIÓN COMPLEMENTARIA	
9	La seguridad es lo primero
32-33	Ensambles más comunes
86-87	Cómo utilizar una fresadora portátil
88-89	Cómo utilizar una fresadora de juntas
130-131	Cepilladora máquina

Acabados a pistola

El acabado se puede realizar a mano, pero en ocasiones quizá le interese aplicar a pistola tinte, pintura, barniz o laca. Una vez dominada la técnica, conseguirá unos acabados perfectamente uniformes. Los dos sistemas de pulverización más usuales son la realizada por aire, en la que el líquido se mezcla con aire comprimido para atomizarlo en forma de neblina de gotas finísimas, y la realizada por presión, en la que es la propia presión a que se somete el líquido la que sirve para pulverizarlo.

ENTORNO

Necesitará una zona que pueda aislarse del resto del área de trabajo para impedir que la neblina que se forma durante el rociado afecte a las demás herramientas y equipo o a otros trabajos en curso. También es necesario contar con un extractor de humos para eliminar el excedente de acabado atomizado en el aire y los vapores nocivos, así como algún tipo de tabique o cualquier otro medio de separación. Si tiene que realizar obras de envergadura, probablemente necesitará contar con una cabina especial.

También se requiere una plataforma o soporte giratorio donde colocar la pieza durante el proceso, y algún tipo de estantería o espacio para ponerla hasta que se seque.

Seguridad e higiene

Tenga en cuenta que la mayoría de los materiales que se utilizan para los acabados son inflamables y explosivos cuando se pulverizan. Los vapores que se desprenden durante el rociado son nocivos; precisará algún tipo de careta protectora. La más sencilla es la mascarilla antipolvo; para algunos

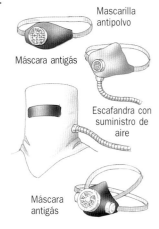

Mascarilla antipolvo

Máscara antigás

Escafandra con suministro de aire

Máscara antigás

acabados necesitará una máscara antigás. En los trabajos de gran envergadura, en los que habrá mucho material atomizado en el ambiente, posiblemente necesite una con suministro de aire incorporado, o incluso una escafandra o capucha que le cubra por entero la cabeza. ▲

Pulverización por aire comprimido

Un compresor eléctrico envía aire filtrado a la pistola pulverizadora. El compresor consta de una bomba con motor, un tanque o depósito donde se comprime y almacena el aire (con una válvula de salida para el mismo y un sistema de drenaje para extraer el exceso de agua condensada), un condensador para purificar y desecar el aire, y un regulador para proporcionar un flujo de aire constante a una presión establecida de antemano. Hay varios tipos de pistola pulverizadora con este sistema. ▼

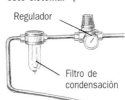

Regulador

Filtro de condensación

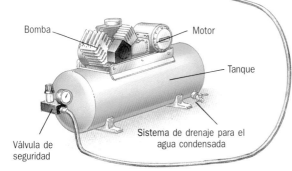

Bomba

Motor

Tanque

Sistema de drenaje para el agua condensada

Válvula de seguridad

Respiradero

Pistola pulverizadora de sifón

El contenedor de líquido (donde se pone el acabado) está situado por debajo de la pistola. Cuando el aire comprimido fluye por el interior de ésta, succiona el líquido y lo envía hacia el orificio de salida. ▲

Pistola pulverizadora alimentada por gravedad

El contenedor de líquido está situado encima de la pistola; el acabado entra en ella por la acción de la gravedad. Es un dispositivo útil para un taller casero. ▲

Aerógrafo

Se controla muy bien, utilizándose en trabajos muy pequeños y de gran precisión. Si sólo va a usarlo ocasionalmente, es mejor pedirlo prestado o alquilarlo que comprar uno. ▼

Pistola pulverizadora alimentada a presión

El contenedor del acabado es un depósito a presión. El compresor envía aire al contenedor, para alimentar la pistola pulverizadora, y a la pistola, para expulsar el líquido. La ventaja de este sistema es que no hay que cargar con el contenedor mientras se trabaja; el inconveniente, que está diseñado para trabajos a gran escala. Su coste y mantenimiento quizá resulten excesivos. ▼

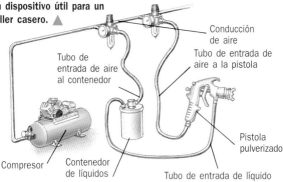

Conducción de aire

Tubo de entrada de aire a la pistola

Tubo de entrada de aire al contenedor

Compresor

Contenedor de líquidos

Pistola pulverizado

Tubo de entrada de líquido

Atomización del acabado

En la boquilla de salida de la pistola el acabado que llega en forma líquida se pulveriza y mezcla con el aire para convertirse en una nube de gotas suspendidas en él. Hay dos tipos de dispositivos de mezclado.

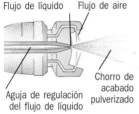

Flujo de líquido   Flujo de aire

Aguja de regulación del flujo de líquido

Chorro de acabado pulverizado

Casquillo de mezclado externo

El flujo de líquido es expulsado por la boquilla y el aire comprimido lo atomiza convirtiéndolo en un chorro de acabado pulverizado. Este sistema permite controlar el tipo de rociado, ya que es posible regular el flujo de aire, y da buenos resultados con pinturas y barnices de secado rápido. ▲

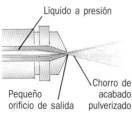

Líquido a presión

Pequeño orificio de salida

Chorro de acabado pulverizado

Casquillo de mezclado interno

En este sistema, que generalmente se emplea en los equipos que no funcionan por aire comprimido, el líquido está sometido a presión dentro del propio casquillo, lo que hace que salga ya atomizado. ▲

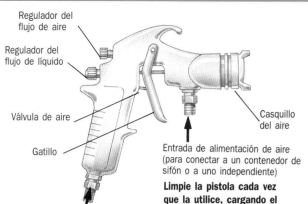

Regulador del flujo de aire

Regulador del flujo de líquido

Válvula de aire

Gatillo

Casquillo del aire

Entrada de alimentación de aire (para conectar a un contenedor de sifón o a uno independiente)

Entrada de alimentación de aire (procedente del compresor)

Ajuste y limpieza

En el mango de la pistola hay unos reguladores para ajustar el flujo de salida del aire y el del líquido; la válvula de ajuste de aire controla la proporción del flujo del mismo: alto flujo para el material más espeso, bajo flujo para los más finos. Esto se controla a veces en el propio compresor en vez de en la pistola. El regulador del flujo de aire controla la cantidad de aire que sale hacia el casquillo, modificando el tipo de rociado. El flujo de material se controla mediante el regulador del flujo de líquido y por el accionamiento del gatillo. El proceso es el siguiente: llene el contenedor de líquido; rocíe y gradúe la válvula de ajuste de aire; ajuste el regulador del flujo de líquido para obtener una capa uniforme de acabado; ajuste el regulador del flujo de aire para conseguir el tipo de rociado y la apertura del haz que necesite; finalmente, dirija el chorro en la dirección adecuada.

Limpie la pistola cada vez que la utilice, cargando el contenedor de líquido con diluyente para el acabado y rociando para que pase por todo el sistema. De vez en cuando, desmonte la pistola y límpiela cuidadosamente. ▲

Pulverización sin aire

El principio fundamental de este tipo de pulverización es que el acabado se somete a presión y se expulsa ya atomizado por el orificio de la boquilla. Este sistema está limitado a grandes equipos para uso industrial o grandes volúmenes de trabajo, pero hay algunos modelos para trabajos de menor envergadura. ▼

Contenedor de líquido a presión

Pistola pulverizadora

Conducto de alimentación de la pistola

Pistola pulverizadora eléctrica

Existen en el mercado pequeñas pistolas con el sistema descrito anteriormente, pero a una escala adecuada para usos domésticos. Los resultados son bastante buenos, pero la desventaja es que el acabado tiene que tener una viscosidad específica para que se pueda rociar bien: hay que diluirlo y medir su consistencia utilizando un viscosímetro. Se trata de un contenedor graduado con un orificio en la parte inferior cuyo contenido debe vaciarse en un tiempo determinado. Es más útil para acabados que ya tengan prácticamente la viscosidad correcta, ya que algunos tipos se deterioran por una dilución excesiva. ▼

Casquillo de mezclado interno

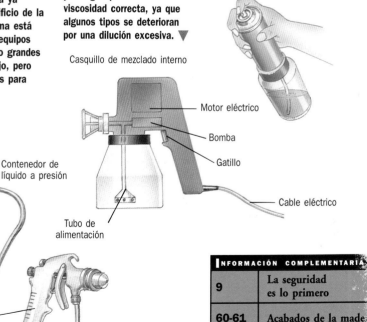

Motor eléctrico

Bomba

Gatillo

Cable eléctrico

Contenedor de líquido a presión

Tubo de alimentación

Aerosoles

No precisan ningún equipo suplementario y se encuentran con facilidad en el mercado. Dan buenos resultados, pero son caros. A veces es difícil encontrar dentro de la gama de aerosoles un barniz transparente y que además sea útil para trabajos de carpintería.

Aerosoles con contenedor de vidrio

Este tipo de aerosoles le permiten aplicar cualquier tipo de acabado. Es necesario que el líquido tenga la viscosidad correcta. ▼

Mobiliario infantil

Este módulo dedicado al mobiliario infantil constituye una oportunidad ideal para explorar las posibilidades del trabajo con tableros manufacturados utilizando herramientas eléctricas portátiles. La construcción es sencilla, los ensambles pueden hacerse con machihembrados valiéndose de una fresadora portátil o de una fresadora de juntas. Las posibilidades decorativas son ilimitadas; sólo dependen de su imaginación.

OBJETIVOS DEL PROYECTO
Proporcionar experiencia para cortar, dar forma y ensamblar tableros manufacturados.

HERRAMIENTAS NECESARIAS
Segueta, sierra de calar portátil o sierra de cinta
Fresadora eléctrica portátil, o fresadora de juntas
Lápiz
Metro de carpintero
Gramil de marcar
Cuchillo de marcar
Garlopa
Escuadra
Tornillos de apriete
Sargentos
Taco de lijar

TIEMPO DE EJECUCIÓN
El tiempo dependerá sobre todo del montaje, puesto que las distintas piezas se ensamblan por etapas y la cola debe secar antes de poder dar el próximo paso. Seguramente le llevará un par de fines de semana realizar los trabajos a máquina y cortar los ensambles, y las tardes de dos semanas montar las distintas piezas.

PUNTOS CLAVE QUE DEBE RECORDAR
Cualquier tablero manufacturado necesitará una o más capas de imprimación antes de aplicar el color definitivo. Emplee tapagrietas si es necesario, y selladora o tapaporos. Las capas de imprimación y de acabado pueden aplicarse a brocha, pero si lo desea aproveche este proyecto para aprender a utilizar una pistola pulverizadora.

SEGURIDAD E HIGIENE
Siga al pie de la letra los consejos de la página 9.

ELECCIÓN DEL MATERIAL
En este proyecto se ha utilizado DM porque admite muy bien el acabado, pero el contrachapado o el aglomerado sirven igualmente.

La nota de madera se presenta en forma de dibujo, en vez de la clásica lista de piezas, para que pueda aprovechar mejor el material (véase al dorso).

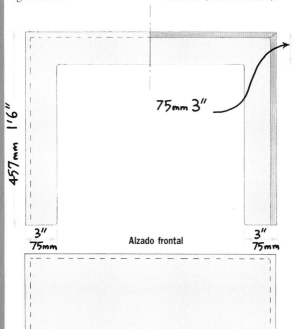

457mm 1'6"

75mm 3"

3" 75mm

3" 75mm

Alzado frontal

610mm 2'
Planta

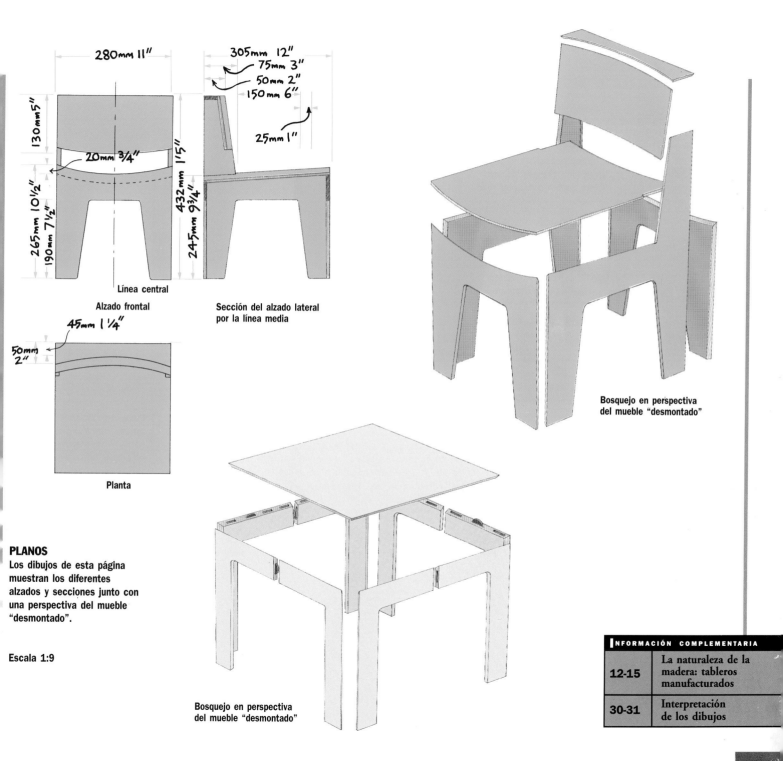

280mm 11"

130mm 5"

20mm 3/4"

265mm 10½"

190mm 7½"

Línea central

Alzado frontal

305mm 12"

75mm 3"

50mm 2"

150mm 6"

25mm 1"

432mm 1'5"

24·5mm 9¾"

**Sección del alzado lateral
por la línea media**

45mm 1¼"

50mm
2"

Planta

Bosquejo en perspectiva
del mueble "desmontado"

PLANOS

Los dibujos de esta página
muestran los diferentes
alzados y secciones junto con
una perspectiva del mueble
"desmontado".

Escala 1:9

Bosquejo en perspectiva
del mueble "desmontado"

2 Las patas están dibujadas en torno al tablero de la mesa. Necesitará una segueta o una sierra de calar portátil para cortar las piezas en forma de "L" correspondientes a las patas. Elimine cualquier aspereza de los cantos con un taco de lijar.

ENSAMBLADO DE LAS PATAS

3 Las ocho piezas en forma de "L" se ensamblan en inglete por parejas para componer cuatro piezas que constituirán las patas junto con los travesaños. Para encajar estas piezas al tablero de la mesa, bisele los cantos o ensámblelas directamente a tope por debajo. En este proyecto se utiliza el sistema de ingletes.

CONSTRUCCIÓN DE LA MESA

1 Guíese por el diagrama para marcar las piezas en el tablero. Está diseñado de tal modo que se aprovecha el material al máximo. ▼

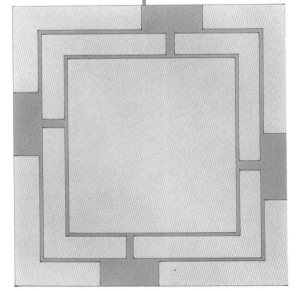

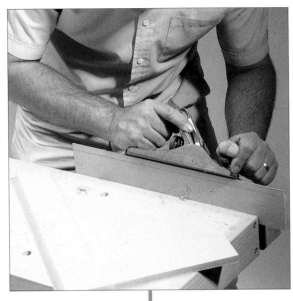

6 Un método alternativo es utilizar una fresadora de juntas para hacer ranurados cortos para tacos planos.

CORTE DE LOS INGLETES

4 Cepille un inglete a 45 grados todo alrededor del tablero de la mesa y también en los bordes exteriores de las ocho piezas en forma de "L".
Un método alternativo es cortar los ingletes utilizando una fresadora portátil. ▲

CONSTRUCCIÓN DE LOS ENSAMBLES

5 Ponga una fresa pequeña (4,5 mm) en la fresadora y labre ranuras para las lengüetas a lo largo de las caras de los ingletes. Tendrá que cortar lengüetas de un tablero de contrachapado del mismo grosor que las ranuras. ▼

7 Monte los cuatro ensambles de las esquinas utilizando dos piezas en forma de "L" para cada una. No pase por alto que el brazo largo de cada "L" corresponde a la pata y el corto al travesaño que encaja en el tablero de la mesa. Utilice cinta adhesiva para mantener unidos los ensambles. Asegúrese de que las esquinas están a escuadra y deje que la cola seque bien antes de continuar el trabajo. ▼

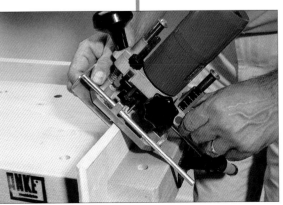

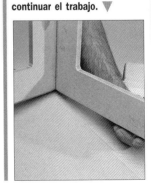

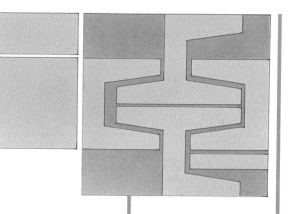

8 Coja dos patas ya ensambladas y encólelas al tablero de la mesa en esquinas opuestas. La geometría de los ensambles debería hacer por sí misma que el conjunto quede a escuadra al encolarlo y prensarlo. De nuevo, deje que la cola seque bien antes de pasar a la siguiente etapa. ▲

9 Una vez puestas en su sitio el primer par de patas, encaje las otras dos. Tenga en cuenta que no sólo ha de ensamblar las patas al tablero, sino que también tendrá que hacerlo con los travesaños entre sí. Encole los componentes de estas otras dos patas y colóquelos en su sitio; cuando la cola haya secado, la estructura de la mesa debería estar ya terminada y ser muy sólida.

10 Sin embargo, como las aristas exteriores de la mesa son muy agudas tendrá que matarlas a cepillo. No obstante, para los niños pequeños es preferible que el borde sea redondeado, así que tendrá una buena oportunidad de emplear la fresadora portátil con una fresa de moldurar apropiada.

11 Lije ahora la mesa para prepararla para recibir la imprimación. El DM necesita menos imprimación que el aglomerado o el contrachapado, pero cualquier tablero manufacturado requiere una o más capas antes de aplicar el color definitivo. No se olvide de lijar siempre entre capa y capa. ▼

12 Aplique la capa –o capas– del color que haya escogido. A continuación, incorpore el efecto decorativo que le parezca oportuno. En este proyecto se utiliza una «sopa de letras», pero no dude en aplicar cualquier otra posibilidad que se le ocurra.

CONSTRUCCIÓN DE LA SILLA

13 Marque las distintas piezas en el tablero tal como se muestra en el diagrama. Se necesitan tableros de dos grosores: de 10 mm para el armazón principal de la silla, y de 3 o 4,5 mm para el asiento y el respaldo. Si va a construir más de una silla, probablemente podrá aprovechar aún más el material. ▲

14 Corte las piezas con una sierra de calar portátil.

INFORMACIÓN COMPLEMENTARIA	
47	Preparación de las superficies
76-77	Herramientas eléctricas portátiles
86-87	Cómo utilizar una fresadora portátil

19 Monte el armazón en seco, ajústelo y compruebe que los ángulos están a escuadra. Si todo funciona como es debido, encole el armazón: los dos laterales, la parte trasera, la delantera y el travesaño superior. Espere a que seque la cola. ▷

15 Cepille las piezas en la forma requerida. Es más fácil trabajar todos los cantos a escuadra en esta fase. Preste especial atención al ángulo de los bordes interiores de las patas, que produce el estrechamiento de éstas. ▲

16 Haga los ingletes de las cuatro esquinas; en la parte de cada lateral correspondiente a la pata trasera, interrumpa el inglete justo por encima del asiento, y no lo haga tampoco en la esquina superior, donde encaja el travesaño del respaldo.

17 Labre los rebajos para encajar el asiento y el respaldo. ▲

18 Emplee ensambles reforzados con lengüetas o tacos planos.

20 Si ha empleado un material de poco grosor para el asiento y el respaldo, se adaptará a la curva fácilmente. En este prototipo se utilizó DM de 6 mm, así que hubo que curvar previamente ambas piezas antes de ensamblarlas. Si éste es también su caso, corte el asiento y el respaldo a un tamaño ligeramente mayor que el indicado en el diseño y prénselos con tornillos de apriete sobre un molde que puede hacer usted mismo con unos listones, tal como se muestra en la ilustración. ▽

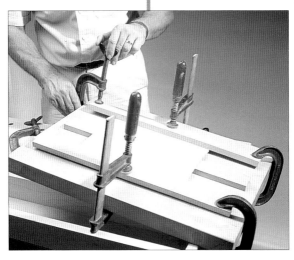

21 A continuación tendrá que instalar el asiento en su sitio; conseguir que ajuste es un alarde de medición. Va encajado en unos rebajos efectuados en los cuatro costados, excepto en la parte posterior, donde tendrá que hacerle unos pequeños entrantes para los dos laterales del respaldo. ▼

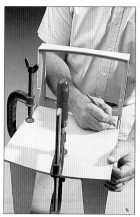

22 Una vez que el asiento encaje bien en seco, encólelo y prénselo con sargentos. ▼

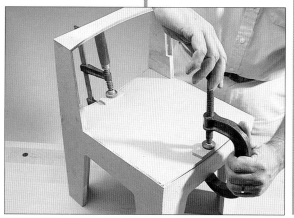

23 Este mismo procedimiento se aplica para el respaldo, aunque en este caso es un poco más sencillo. Ajústelo, encólelo y apriételo con sargentos. ▲

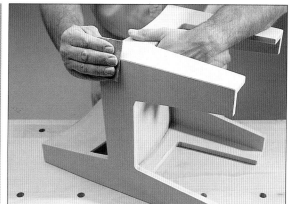

24 Ahora, al igual que con la mesa, mate las aristas a lija o redondéelas con la fresadora portátil utilizando una fresa de moldurar adecuada. ▲

25 Aplique el acabado a la silla por el mismo procedimiento descrito en el caso de la mesa. Emplee tapagrietas si es necesario, lije todas las superficies, aplique las capas de selladora y, a continuación, el acabado. ▲

26 Aquí se muestran la mesa y la silla, ya terminadas y decoradas con una "sopa de letras". ▼

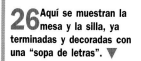

INFORMACIÓN COMPLEMENTARIA	
60-61	Acabado de la madera
70	Sujeción y prensado
78-79	Acabados a pistola

Cómo utilizar una fresadora portátil

La fresadora portátil es una herramienta muy útil que se ha hecho popular gracias a la diversidad y especialización de los trabajos que realiza, desbancando a los cepillos de rebajar de banco, los cepillos acanaladores y los cepillos de moldurar.

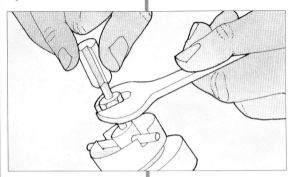

COLOCACIÓN DE LAS FRESAS

1 Emplee una llave para apretar la tuerca del eje portafresas hasta que la fresa quede bien segura. Antes debe inmovilizar el husillo, algunas fresadoras llevan incorporado un mecanismo de bloqueo; en otras hay que atravesarlo con un pasador. ▼

2 Si la suya carece de mecanismo de bloqueo o de orificio para el pasador, utilice dos llaves de tuercas: mientras inmoviliza el husillo con una, apriete la tuerca con la otra. Coloque ambas llaves en "V" para poder manejarlas con una sola mano. ▼

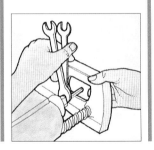

USO DE FRESADORA

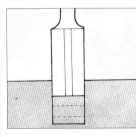

1 Para evitar que la madera se queme, y con el fin de prolongar la vida de las fresas, haga una serie de pasadas poco profundas en vez de intentar hacer el trabajo de una vez. Como norma general, corte en cada pasada sólo hasta una profundidad equivalente a la mitad del diámetro de la fresa. ▲

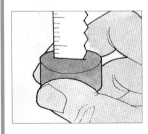

2 La mayoría de las fresadoras portátiles son de resorte, y la profundidad de corte se gradúa mediante un tope. Algunas disponen de un mecanismo giratorio que permite emplear distintas profundidades. En la que se muestra en la ilustración se pueden establecer tres profundidades diferentes para determinar la secuencia de corte en las sucesivas pasadas. ▲

3 Las fresas giran en el sentido de las agujas del reloj, de modo que cuando se empuja hacia adelante la herramienta tiene tendencia a desviarse hacia la izquierda. Al labrar una ranura o cajeado con la guía situada en el costado derecho, esa tendencia contribuirá a que la guía se apoye con más fuerza contra la pieza. ▼

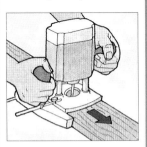

4 Antes de empezar a realizar cualquier trabajo con una fresadora de resorte, asegúrese de que la fresa está parada y que no está en contacto con la superficie de la madera. Sitúe la fresadora en el punto donde quiera iniciar el corte y accione el interruptor de encendido. ▼

5 Afloje la empuñadura de bloqueo, baje la herramienta para que la fresa se introduzca en la madera hasta alcanzar la profundidad de corte determinada por el tope, y vuelva a apretar la empuñadura. Empuje la fresadora con firmeza, pero de manera uniforme; si avanza muy deprisa sobrecargará el motor; y si lo hace muy despacio puede quemar la madera y estropear la fresa. Con el tiempo y la experiencia aprenderá a reconocer por el sonido si todo marcha bien. ▲

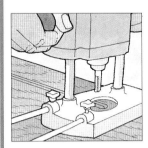

6 Al llegar al punto donde desea terminar el trabajo, afloje de nuevo la empuñadura de bloqueo y deje que la fresa salga de la madera; desconecte entonces la fresadora. Éste es, en líneas generales, el procedimiento básico. ▲

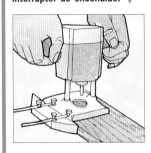

LABRADO DE RANURAS Y CAJEADOS

1 Para hacer una ranura paralela al canto de una pieza, utilice la guía suministrada con la fresadora portátil. Marque en la madera la posición de la ranura y ajuste la guía de modo que el corte discurra paralelo al canto. Si ha de ser profunda, realice una serie de pasadas consecutivas. ▶

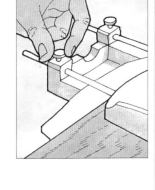

2 Si tiene que labrar una ranura en una tabla demasiado ancha para el alcance de la guía, una ranura que no sea paralela al canto de la pieza, o bien un cajeado, ayúdese con un listón. Marque la posición de la ranura o del cajeado, mida la distancia existente entre la fresa y el borde de la base de la fresadora, y sujete el listón a esa misma distancia de la ranura o cajeado por medio de tornillos de apriete o sargentos. Haga avanzar la fresadora apoyándola contra él. ▶

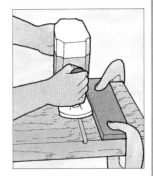

3 Para labrar una ranura ancha en medio de una tabla, utilice dos listones como guía. Sitúelos de manera que permitan a la fresadora cortar los bordes de la ranura, y luego proceda a labrar la parte central de la misma. ▶

LABRADO DE REBAJOS, CHAFLANES Y MOLDURAS EN LOS CANTOS

1 Las fresas de moldurar tienen en el extremo, por debajo de los filos, una punta guía (giratoria, gracias a un rodamiento, o bien fija) que se desliza por el canto de la pieza durante el trabajo haciendo innecesario el uso de la guía de la herramienta. ▼

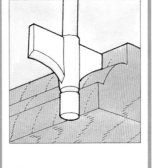

2 A pesar de todo, si la pieza es recta y no demasiado ancha, instale la guía de la fresadora por el canto opuesto al que ha de labrar. ▼

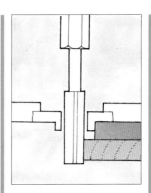

3 Para labrar formas que no sean rectas en cantos de piezas, utilice plantillas y una guía de plantilla. La guía de plantilla es una pieza que se atornilla a la base de la fresadora y le permite seguir el borde de la plantilla. Su tamaño depende del diámetro de la fresa; debería haber una separación de 2 a 3 mm entre la fresa y la guía. ▲

4 Construya la plantilla con DM o contrachapado. Corte grosso modo la pieza de trabajo, dándole un tamaño un poco mayor que el necesario, y sujete en ella la plantilla con cinta adhesiva por las dos caras. Deslice la guía de plantilla por el borde de la plantilla para dar forma al canto de la pieza, realizando el proceso en varias pasadas sucesivas si es necesario. ▼

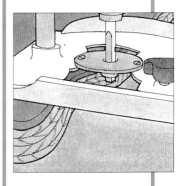

INFORMACIÓN COMPLEMENTARIA	
9	La seguridad es lo primero
76-77	Herramientas eléctricas portátiles

Cómo utilizar una fresadora de juntas

La fresadora de juntas es una herramienta eléctrica portátil cuyo objetivo es proporcionar una alternativa a las clásicas uniones en ángulo, juntas al ancho y empalmes por la testa reforzados a base de machihembrados o de clavijas. El método tradicional que más se le aproxima es el ensamble por doble ranura y lengüeta postiza.

Esta herramienta ofrece un medio sencillo, rápido y preciso de hacer este tipo de ensambles tanto en madera maciza como en tableros manufacturados. Se usa mucho en los pequeños talleres industriales.

Un ensamble a base de tacos planos no es tan resistente como los de caja y espiga o los de cola de milano; no debería utilizarse nunca en las esquinas de los bastidores o armazones.

En sí misma, la fresadora de juntas no es más que una pequeña sierra circular portátil especial, con una hoja de diámetro reducido bien escondida en la carcasa de la herramienta. La hoja se introduce en la madera, gracias a un mecanismo de resorte, para hacer una ranura para el taco plano de un solo corte.

La base y la guía lateral permiten situar la herramienta con exactitud para realizar el corte. Hay también guías oblicuas para hacer las ranuras o cajeados en ensambles a inglete.

En los cajeados practicados con esta herramienta se introducen después los tacos planos, unas piezas de haya comprimida en forma de rombo, hoja o bizcocho.

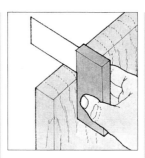

MANEJO DE LA FRESADORA DE JUNTAS

1 En primer lugar, haga con precisión los ensambles a tope, ya sea con una sierra o a cepillo. Compruebe que están a escuadra en toda su longitud. ▲

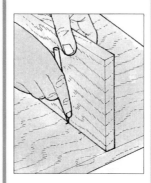

2 Marque los centros de los tacos planos en ambas piezas. Los tacos pueden espaciarse dejando una distancia de 5 a 7,5 cm entre ellos. ▲

3 Gradúe la fresadora de modo que haga los cortes justo en la línea media del canto de la pieza. Sitúe la herramienta en la posición exacta, sujétela bien, póngala en marcha y hunda la hoja con cuidado para efectuar el corte. Retire la hoja sin que la fresadora se mueva de su sitio. Proceda del mismo modo con el resto de los cortes del canto. ▶

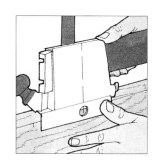

Juntas angulares

4 Deje la guía lateral tal como estaba graduada y apóyela contra el canto de la segunda tabla para hacer los cortes en la cara. ▶

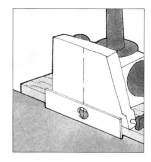

Uniones en T

5 Para las uniones en T, haga los cortes en la testa de la primera tabla por el procedimiento descrito en el paso 3. Para hacer los cajeados en la segunda, quite la guía lateral, sujete sobre la tabla un listón y apoye la herramienta contra esta guía improvisada para proceder a efectuar los cortes. ▶

Cómo utilizar una pistola pulverizadora

Refuerzo de ingletes

6 Para dar más fuerza a la unión, haga el corte cerca de la esquina interior del inglete. ▼

7 Un método consiste en apoyar la guía lateral contra el borde exterior del inglete para hacer los cortes. ▼

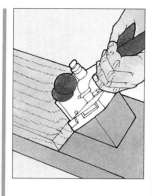

8 Otro método alternativo es sujetar fuertemente la tabla ingletada encima de otra y apoyar sobre ésta la guía oblicua de la herramienta. ▲

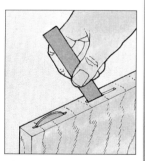

Montaje

9 Para proceder al encolado y montaje, emplee una espátula delgada de madera para que la cola se introduzca bien en los cajeados. No aplique cola a los tacos planos; introdúzcalos simplemente, monte las piezas y ponga tornillos de apriete. Al humedecerse, los tacos se hinchan y rellenan los cajeados, dando más consistencia a la unión. ▲

El rociado de un acabado debería hacerse en una habitación grande, bien ventilada, libre de polvo y con buena luz. Si va a emplear la pistola al aire libre, hágalo en un día seco y sin viento.

Cubra los alrededores de la pieza con plástico o papel de periódico. Por su propia seguridad, póngase una mascarilla que le cubra la boca y la nariz.

PROCEDIMIENTO

1 Antes de empezar, remueva a conciencia el acabado con un palo, sáquelo del contenedor y sosténgalo encima de él en un ángulo de 45 grados. La consistencia del líquido es correcta cuando cae en un chorro continuo. ▲

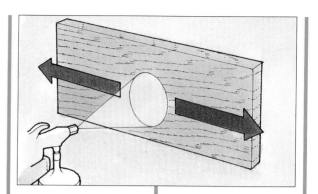

2 Practique primero en una madera que no le sirva hasta dar con la distancia y el ajuste del rociado más adecuados. Rocíe en pasadas continuas y uniformes, manteniendo el chorro en posición perpendicular a la pieza. ▲

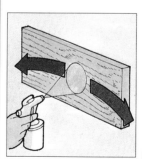

3 No rocíe en arco, pues el recubrimiento no sería uniforme, y no haga movimientos bruscos con la pistola. Desplácela en paralelo a la pieza a una velocidad constante para que el espesor del acabado permanezca invariable. ▲

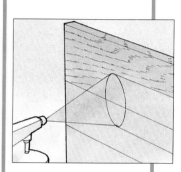

4 Superponga cada pasada alrededor de un 50 por ciento sobre la anterior, y no deje de rociar hasta haber sobrepasado los extremos de la pieza. Empiece a mover la pistola antes de apretar el gatillo, y suéltelo antes de detener la pistola al final de cada pasada. ▲

INFORMACIÓN COMPLEMENTARIA	
9	La seguridad es lo primero
60-61	Acabados de la madera
76-77	Herramientas eléctricas portátiles
78-79	Acabados a pistola

DM y color

Los tableros manufacturados son inmensamente versátiles a la hora de crear mobiliario sencillo. Con herramientas eléctricas portátiles y maquinaria es posible cortar rápidamente las formas de las piezas y ensamblarlas para construir muebles, especialmente para niños y adolescentes.

Las técnicas básicas para trabajar el DM y otros tableros manufacturados se emplean en la fabricación de una variada gama de muebles infantiles: armarios, pupitres, mesas, sillas, etc.

Los tableros manufacturados admiten muy bien la pintura y otros acabados decorativos, hasta el punto de se puede jugar con toda una gama de ideas decorativas: desde variaciones en el color y en la textura, hasta auténticas escenas de cuentos de hadas.

La manera tradicional de enfocar el trabajo de carpintería cambia por completo con los tableros manufacturados, desde el momento en que el movimiento de la madera ya no existe. Por tanto, se tiene la oportunidad de diseñar y construir formas que sólo son posibles con estos materiales. Para investigar las distintas estructuras, haga maquetas de cartón a escala, además de los consabidos bocetos.

MANOS A LA OBRA

Una vez dominadas las técnicas básicas del ensamblado y el acabado, los únicos límites a su creatividad los pone su imaginación. El mobiliario infantil proporciona una oportunidad ideal para explorar las posibilidades que ofrece la versatilidad de los tableros manufacturados.

ROBERT VENTURI ●
Silla coloreada
Los tableros manufacturados permiten emplear métodos para construir formas y ensambles que nunca funcionarían con la madera maciza. La simetría del respaldo y el color de esta silla le confieren un aspecto muy vivo y alegre, al tiempo que sus anchas patas la hacen robusta y estable. ▲

ROBERT VENTURI ●
Mesa
Las patas, dispuestas cada una en una dirección distinta, hacen que esta mesa infunda la misma sensación de vitalidad que la silla. La pintura, a base de esponja y salpicaduras, no requiere una gran destreza, pero es un medio muy eficaz de trabajar con los colores. ◄

JOHN ANDERSON •
Cómoda marina
Una buena oportunidad de emplear las técnicas de laminado para hacer las olas. Las velas desplegadas y los gallardetes ondeantes son detalles que añaden un toque de frescura al conjunto. Los efectos pictóricos, aunque simples, están realizados también con sumo detalle. ▶

JAKKI DEHN •
Cuna
La base con cajones, además de ser muy práctica, da estabilidad al mueble. Lleva grandes ruedas industriales para poderla mover cómodamente. El efecto pictórico –un simple diseño a base de franjas alternas– admite cualquier combinación de colores imaginable. Fíjese en el "mástil" para suspender un móvil. ▲

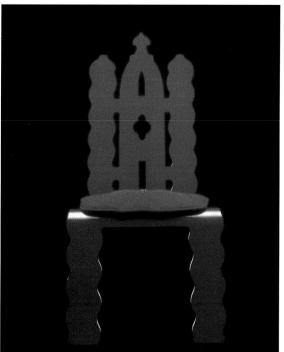

ROBERT VENTURI •
Silla
El asiento y las patas delanteras –suavemente onduladas y dispuestas de forma oblicua, aunque en ángulo recto entre sí– están cortados de una pieza. El acabado brillante realza la fuerza de la pintura. ◀

INFORMACIÓN COMPLEMENTARIA

80-85	Módul es: Mobil nfantil

Maquinaria eléctrica

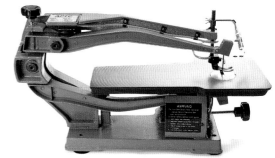

La moderna maquinaria eléctrica permite realizar trabajos precisos a una velocidad y a una escala que pocos carpinteros hubieran imaginado cuando sólo se disponía de herramientas manuales. Maneje siempre las máquinas con mucho respeto: no las utilice jamás cuando se sienta cansado o esté bajo los efectos de medicamentos o alcohol. Por su propia seguridad, tampoco se sienta tentado a realizar solo algún trabajo que requiera la intervención de otra persona, como por ejemplo sujetar una pieza pesada. Si no corre riesgos innecesarios, estas máquinas le ahorrarán mucho tiempo y su manejo constituirá un gran placer.

Hojas de sierra
Hay muchos tipos de hojas de sierra según el trabajo para el que están diseñadas; algunas incluso dejan un acabado muy suave en la cara de corte. Siempre es preferible comprar hojas con dientes de carburo de tungsteno: son más caras, pero permanecen en buenas condiciones mucho más tiempo. ▲

Sierra de disco de cabezal móvil
No sólo corta; también hace ranuras, cajeados y rebajos, y labra formas en las piezas. La hoja gira en muchas direcciones y se inclina en diversos ángulos, permitiendo entre otras cosas hacer ingletes o biseles. Hay gran variedad de hojas. También se le pueden adaptar fresas. Mientras algunos carpinteros son incondicionales de esta máquina, otros albergan dudas sobre la seguridad de algunas de las operaciones que realiza. ▶

Sierra circular
Permite cortar al hilo y de través con gran precisión y rapidez. La hoja se puede subir o bajar a voluntad, sobresaliendo más o menos de la mesa, para regular la profundidad de corte; también es posible inclinarla para cortar

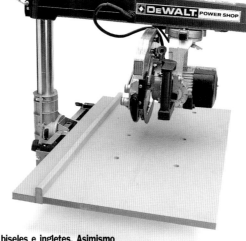

Sierra de calar eléctrica
La sierra de calar eléctrica efectúa cortes internos muy finos siguiendo formas intrincadas, lo que hace de ella un instrumento altamente especializado que suele emplearse más en la construcción de maquetas que en la propia carpintería. No obstante, las máquinas de calidad son capaces de cortar maderas bastante gruesas, y hay un amplio surtido de hojas donde escoger. El corte que realizan es tan fino que muchas veces sólo hay que repasarlo un poco, o incluso nada en absoluto. ▲

biseles e ingletes. Asimismo sirve para hacer ranuras, cajeados y rebajos. Con todo, es esencial usar los protectores de seguridad de la hoja en todo momento. Si los retira para realizar alguna operación, extreme las precauciones. ▼

Sierra de cinta
Esta máquina de uso universal corta madera gruesa o delgada, y en línea recta o describiendo curvas. La hoja es una cinta continua de corte rápido que discurre sobre dos o tres volantes y, como su empuje es descendente, no existe el peligro de que arroje la pieza contra usted. La máquina ocupa poco espacio en el suelo, y el hecho de que la hoja sea delgada implica que la entalla que abre es estrecha y se desperdicia poca madera. ▶

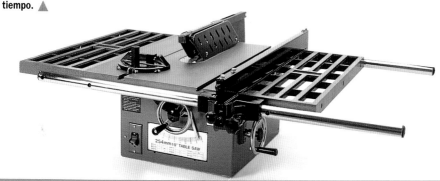

Planeadora-regruesadora

En la lista de prioridades de compra de maquinaria, este tipo de cepilladora ocupa el segundo puesto, después de la sierra circular. Mientras esta última trocea el material, la planeadora–regruesadora lo alinea y escuadra. Esta máquina combinada es excelente para talleres pequeños, y existen varios modelos de calidad. Como en el caso del cepillado a mano, cuanto más larga sea la mesa (superficie de trabajo), más planas y rectas quedarán las piezas. Hay muchas máquinas de este tipo provistas de mesas cortas; si la suya es de esta clase, compruebe que la pieza que está trabajando

Lijadora de disco y de cinta

Generalmente, esta máquina es más útil a la hora de trabajar piezas en pequeña escala, pero hay que tener mucho cuidado porque puede eliminar con facilidad demasiada madera. Es necesario trabajar con gran precisión para obtener buenos resultados. La guía transversal y la mesa del disco son ajustables, lo que permite un suavizado preciso de ángulos y testas. ▶

queda recta y plana. Tras labrar las caras y los cantos de la madera con la planeadora, la regruesadora le dará la anchura y grosor requeridos. ▲

Taladradora vertical

Es la hermana mayor de la taladradora eléctrica. Algunos carpinteros prefieren las máquinas escopleadoras, que también sirven para hacer taladros, pero es preferible una taladradora en la que pueda instalarse un dispositivo para escoplear. La taladradora vertical generalmente tiene una amplia gama de velocidades y las hay de suelo o de banco, con una mesa ajustable que se puede subir o bajar; las máquinas de suelo permiten taladrar piezas más largas. ▶

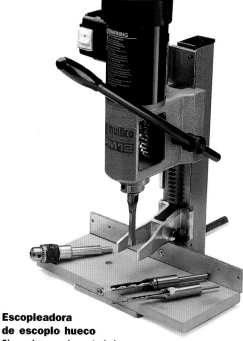

Escopleadora de escoplo hueco

Si en el curso de su trabajo tiene que hacer muchas cajas y ranuras, esta máquina será una inversión muy útil. La barrena helicoidal que lleva en el centro perfora el agujero, mientras el escoplo prismático hueco que lo recubre, provisto de filos en las cuatro caras, penetra en la madera realizando una abertura perfectamente cuadrangular. La mayoría de los modelos aptos para talleres domésticos admiten escoplos cuadrados de 6 a 20 mm de anchura. ▲

Máquinas universales o combinadas

Generalmente cuentan con una sierra circular, una fresadora o una tupí, una cepilladora (planeadora), una regruesadora, una escopleadora y, en algunos casos, un torno.

A primera vista parece una propuesta atractiva, a pesar de que tienen sus limitaciones y no se pueden ampliar libremente.

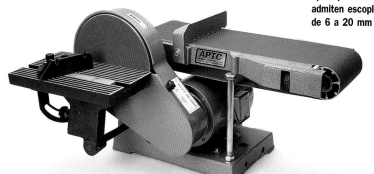

Principios básicos para construir cajones

Los cajones son cajas sin tapa, diseñadas para deslizarse en una estructura con el frente abierto: una cómoda, una cajonera de un armario, etc. Admiten muchas formas y tamaños, y su misión es almacenar y clasificar objetos específicos, o bien adaptarse a las proporciones y detalles de un mueble en particular. La mayoría de ellos cumplen ambos cometidos. Estas páginas están dedicadas a explicar el sistema tradicional de construcción de cajones al tiempo que muestran otros métodos alternativos.

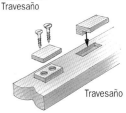

SISTEMA TRADICIONAL DE CONSTRUCCIÓN DE CAJONES

Las piezas constitutivas de un cajón son el frente, los dos costados, la trasera y el fondo. Los ensambles en cola de milano solapada que unen el frente y los costados resisten bien cuando se tira del cajón para abrirlo; por tanto, emplee este tipo de ensamble para contribuir a su resistencia y fortaleza. La trasera va unida a los costados con ensambles en cola de milano vista.

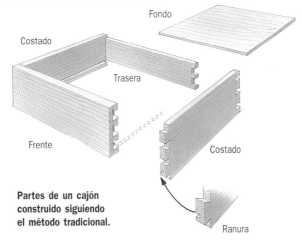

Partes de un cajón construido siguiendo el método tradicional.

Cajones anchos

Los cajones anchos suelen necesitar un refuerzo consistente en un travesaño central colocado en el fondo, denominado montante. Se encaja en el frente mediante una espiga y se acopla a la trasera mediante un rebajo. ▼

Topes de cajón

Un cajón nunca debería llegar hasta el fondo de la estructura que lo aloja; si va encajado sin más entre los travesaños, necesita un tope. La manera más fácil de hacerlo es atornillar o clavar un taco de madera en el sitio adecuado. Otra posibilidad más sofisticada es construir el taco con un perfil en forma de L para introducirlo en una pequeña caja labrada en el travesaño que sustenta el cajón. ▲

Acoplamiento del fondo de un cajón

El fondo se desliza por unas ranuras practicadas en los costados hasta introducirse en la del frente. El borde inferior de la trasera está enrasado con la parte superior de las ranuras para permitir la introducción del panel del fondo. ▼

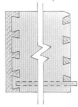

Si se requiere un fondo más grueso, o uno de madera maciza, se achaflanan sus bordes para que encaje en la ranura. ▼

Hay ocasiones en que, por ser los costados demasiado delgados, no queda espacio suficiente para abrir una ranura; en este caso se acoplan unos listones ranurados. Pueden estar moldurados, es decir, con la arista que queda hacia el interior del cajón redondeada. ▼

El fondo del cajón está dividido en dos partes, que ajustan dentro de las ranuras practicadas en los costados y el montante. El listón ranurado se ensambla al frente mediante una espiga y lleva un rebajo en la parte posterior para acoplarlo a la trasera. ▼

Parte frontal del listón ranurado

Parte trasera del listón ranurado

El fondo sólo va atornillado a la trasera; los agujeros de los tornillos practicados en él están ranurados para permitir el movimiento de la madera. ▼

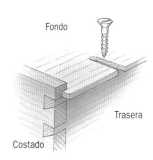

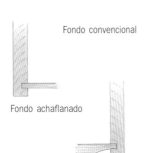

Fondo convencional

Fondo achaflanado

Listones ranurados con la arista superior redondeada

Fondo con rebajo encajado en un listón ranurado

Acoplamiento del frente de un cajón

Hay varios métodos para acoplar el frente de un cajón a la estructura del mueble. Puede ir enrasado con los travesaños. Otro sistema es cubrir con unos pequeños junquillos de madera los cuatro cantos del frente del cajón. Proporciona un interesante detalle visual y hace que el cajón sea más fácil de ajustar que con el método anterior. Otra posibilidad es que el frente tape los travesaños. Dentro de este sistema, el frente puede sobresalir por arriba o por abajo del travesaño. ▼

Atajos para la construcción de cajones

Un método es atornillar un frente falso: empléelo cuando los cajones cubran la parte delantera del mueble, o para casar sus veteados.

Otra de las juntas empleadas para construir cajones es el denominado dentado recto, que a máquina se realiza rápidamente, por lo que se suele utilizar cuando se fabrican en serie. Por su parte, un sencillo ensamble de solapa se basa sólo en la fuerza del encolado; empléelo exclusivamente en trabajos que no sean estructurales. También pueden usarse ensambles a inglete reforzados con lengüetas o tacos planos.

Los cajeados en cola de milano también sirven para unir los costados al frente. La cola de milano puede ser media o completa; en ambos casos el cajón resistirá bien cuando se tira de él para abrirlo, como sucede con los ensambles en cola de milano vista o solapada.

Otro método de almacenamiento es la bandeja, una especie de cajón con los costados muy bajos. Generalmente se hace con un simple bastidor, acoplando el fondo a tope –o bien encajado en un rebajo– con cola, clavos o tornillos. También es posible encontrar cajones prefabricados de plástico o de malla metálica. Son muy prácticos en los muebles de cocina. ▼

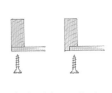

Cajón con frente rastrante

Cajón con frente rastrante y astrágalos

Cajón con frente sobresaliente

Cajón con frente sobresaliente por encima o por debajo de los travesaños

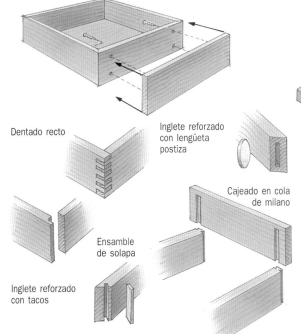

Dentado recto

Ensamble de solapa

Inglete reforzado con tacos

Inglete reforzado con lengüeta postiza

Cajeado en cola de milano

La bandeja, un simple bastidor con el fondo clavado o atornillado

Información complementaria	
58-59	Principios básicos para la construcción de armarios y estanterías
68-69	Cómo hacer ensamble en cola de milano
96-105	Módulo cuatro: Cómoda
124-129	Módulo seis: Escritorio

Cómoda

Tras el sencillo estante de pared, el siguiente paso en la construcción de armarios y estanterías es hacer y ajustar cajones.

Este mueble lleva cuatro, cada uno de diferente altura, que se abren mediante unas ranuras en las que se introducen los dedos y situadas de tal modo que constituyen un elemento decorativo a lo ancho del frente del mueble.

Entre las técnicas clásicas de ebanistería fina empleadas en esta cómoda están la construcción de ensambles en cola de milano para los cajones y la de protectores antipolvo.

OBJETIVOS DEL PROYECTO

Proporcionar la oportunidad de practicar y adquirir experiencia en la construcción de los cajones de una cómoda.

HERRAMIENTAS NECESARIAS

Tiza
Lápiz
Metro de carpintero
Serrucho para tableros
Gramil de marcar
Cuchillo de marcar
Garlopa
Sierra para colas de milano
Surtido de formones para las colas de milano
Gramil de escoplear
Escoplo de mortajas
Escuadra
Fresadora eléctrica portátil
Fresadora de juntas o taladradora eléctrica, dependiendo de cómo decida hacer los ensambles de las esquinas
Tornillos de apriete
Cuchilla de carpintero
Taco de lijar

TIEMPO DE EJECUCIÓN

Dependiendo del tipo de ensambles que emplee, el mueble sólo debería llevarle dos o tres fines de semana. Sin embargo, necesitará más tiempo para adiestrarse en la técnica de construir cajones, que todavía desconoce.

PUNTOS CLAVE QUE DEBE RECORDAR

Realice este proyecto por etapas. Construya primero la estructura del mueble, en segundo lugar los accesorios interiores y las correderas de los cajones y, en tercer lugar, los propios cajones. Es esencial trabajar con precisión. La estructura debe quedar a escuadra y los cajones paralelos.

SEGURIDAD E HIGIENE

Siga al pie de la letra los consejos de la página 9.

ELECCIÓN DE LA MADERA

Si ha seguido los otros proyectos según han ido apareciendo en el libro, habrá adquirido experiencia para emplear tanto madera maciza como tableros manufacturados.

El prototipo se hizo con fresno. Para este proyecto, escoja una madera que sea bastante fácil de trabajar. El haya es útil para los costados de los cajones y los accesorios internos de la cómoda, mientras que los frentes y el exterior del mueble pueden ser de la madera que más le guste.

Nº	Madera de sierra	Madera cepillada
ELEMENTOS NECESARIOS: CÓMODA		
2	LATERALES 686 × 343 × 30 mm	660 × 330 × 25 mm
1	TECHO 432 × 343 × 30 mm	406 × 330 × 25 mm
1	PETO 432 × 75 × 25 mm	406 × 72 × 20 mm
8	TRAVESAÑOS DE LOS CAJONES 406 × 57 × 20 mm	50 × 12 mm
8	CORREDERAS DE LOS CAJONES 200 × 38 × 20 mm	30 × 12 mm
1	FONDO DE LA CÓMODA 660 × 406 × 6 mm (contrachapado)	
4	PROTECTORES ANTIPLOVO 330 × 200 × 6 mm (contrachapado)	
+ cola, acabado, tornillos		

ELEMENTOS NECESARIOS: CAJONES

CAJÓN Nº 1 (SUPERIOR)	
Nº Madera de sierra	**Madera cepillada**
1 FRENTE 380 × 105 × 25 mm	356 × 100 × 20 mm
2 COSTADOS 305 × 90 × 20 mm	280 × 85 × 12 mm
1 TRASERA 380 × 75 × 20 mm	356 × 72 × 10 mm
1 FONDO 356 × 280 × 6 mm (contrachapado)	

Los elementos necesarios para los otros tres cajones son similares a los del anterior, pero algunas piezas cambian de anchura puesto que la altura del cajón aumenta.

Madera de sierra	**Madera cepillada**
2º CAJÓN Frente: 140 mm Costados: 120 mm Trasera: 100 mm	130 mm 115 mm 95 mm
3er CAJÓN Frente: 162 mm Costados: 146 mm Trasera: 130 mm)	150 mm 140 mm 122 mm
4º CAJÓN Frente: 190 mm Costados: 172 mm Trasera: 150 mm	180 mm 162 mm 148 mm
+ cola, acabado, tornillos	

PLANOS

Los dibujos de esta página y de la siguiente muestran los diferentes alzados y secciones junto con una perspectiva del mueble "desmontado".

Escala 1:8

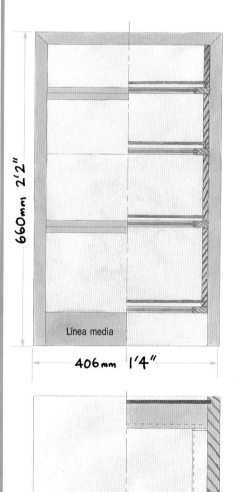

660mm 2'2"

406mm 1'4"

Línea media

Línea media

Sección de la planta sin cajones

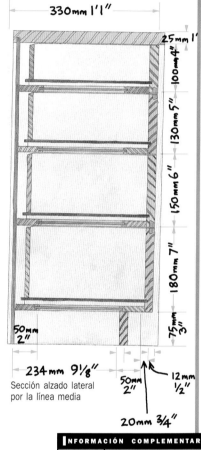

330mm 1'1"

25mm 1"

100mm 4"

130mm 5"

150mm 6"

180mm 7"

75mm 3"

50mm 2"

234mm 9⅛"

50mm 2"

12mm ½"

Sección alzado lateral por la línea media

20mm ¾"

INFORMACIÓN COMPLEMENTARIA	
30-31	Interpretación de los dibujos
58-59	Principios básicos para la construcción de armarios y estanterías
94-95	Principios básicos para construir cajones

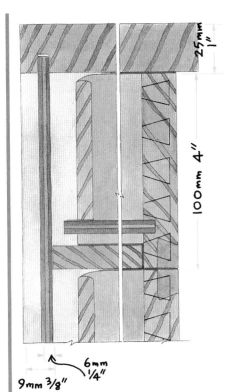

6mm
1/4"

9mm 3/8"

25mm 1"

100mm 4"

Sección mostrando un detalle de la cómoda y de los cajones superiores

Escala 1:2

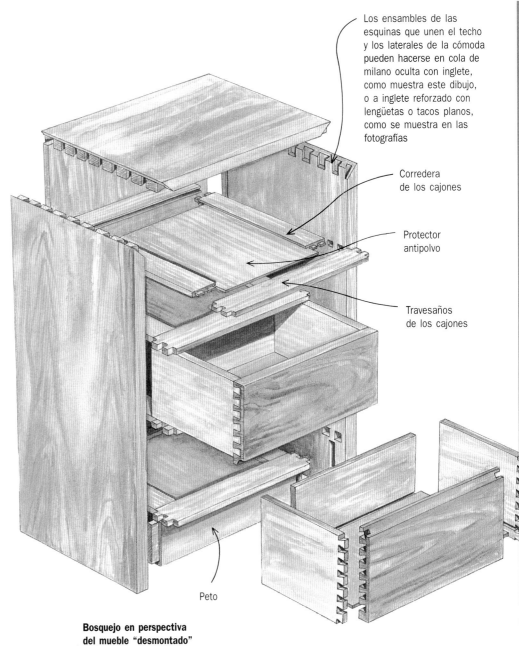

Los ensambles de las esquinas que unen el techo y los laterales de la cómoda pueden hacerse en cola de milano oculta con inglete, como muestra este dibujo, o a inglete reforzado con lengüetas o tacos planos, como se muestra en las fotografías

Corredera de los cajones

Protector antipolvo

Travesaños de los cajones

Peto

Bosquejo en perspectiva del mueble "desmontado"

COMPRA DE LA MADERA

1 El techo y los laterales están hechos a partir de madera de 30 mm de grosor, mientras que la mayoría de las piezas restantes son de 25 o 20 mm. El fondo de la cómoda y de los cajones es de contrachapado, así como los protectores antipolvo.

2 Marque y corte todas las piezas. Obtenga su escuadría cepillando la cara y el canto vistos y reduciéndolas a la anchura y grosor requeridos; déjeles un poco más de longitud de la necesaria.

CONSTRUCCIÓN DE LA ESTRUCTURA DEL MUEBLE

3 La estructura está compuesta por los laterales, el techo, un travesaño inferior a la altura del suelo (peto) y el panel del fondo. Marque los dos laterales y el techo.

4 Haga los ensambles de las esquinas. En el proyecto del estante de pared se empleaban ensambles en cola de milano oculta con inglete. Puede seguir practicando este tipo de ensambles, o bien hacer simplemente ingletes reforzados con lengüetas postizas, tacos planos o clavijas. Éste es un proyecto ideal para usar lengüetas postizas si dispone de una fresadora portátil.

5 Es esencial construir muy bien el inglete de estas dos esquinas. Es probable que necesite algún tiempo para cepillarlo y lograr que encaje perfectamente a escuadra.

6 Labre la ranura en las caras de los ingletes para las lengüetas postizas con una fresadora portátil, o utilice una fresadora de juntas. ▼

7 Introduzca la lengüeta postiza en la ranura y monte el ensamble en seco. ▶

8 Marque el peto y haga los ensambles correspondientes. Este travesaño lleva espigas no pasantes, u ocultas, que se introducen en cajas ciegas practicadas en los dos laterales del mueble. ▲

INFORMACIÓN COMPLEMENTARIA	
32-33	Ensambles más comunes
44-45	Cómo hacer un ensamble de caja y espiga
68-69	Cómo hacer ensambles en cola de milano

9 Labre la ranura para el panel del fondo en el techo y en los dos laterales.▲

10 Corte y ajuste el fondo de contrachapado. Su función es mantener la estructura a escuadra y, siguiendo la práctica habitual, se desliza desde abajo por las ranuras hasta dejarlo en posición, asegurándolo después a uno de los travesaños.

11 Lije las superficies interiores y aplique el acabado en caso de que sea necesario (ver paso 23).

CORREDERAS Y TRAVESAÑOS DE LOS CAJONES

12 Debajo de cada cajón hay un bastidor formado por dos correderas laterales, un travesaño delantero y otro posterior. Las superficies internas de todas estas piezas están ranuradas para albergar el protector antipolvo de contrachapado.

13 Los travesaños delantero y posterior van encolados. Las correderas –y los protectores antipolvo– son unos 3 mm más cortas que los laterales del mueble para permitir cierta holgura hacia atrás. Las espigas de las correderas van embutidas en las ranuras de los travesaños.

14 El mueble está diseñado con los laterales de madera maciza, por lo que hay que contar con el movimiento de la madera. Para permitir la dilatación y contracción, las espigas que unen las correderas a los travesaños delanteros se encajan y encolan bien ajustadas a ellos, mientras que los espaldones de las otras espigas quedan ligeramente separados de los travesaños posteriores para permitir cualquier movimiento de los laterales del mueble.

16 Haga espigas no pasantes en los travesaños delanteros y posteriores, y sus correspondientes cajas en las caras interiores de los laterales del mueble. Cerciórese de que la distancia entre espaldones de cada travesaño coincide justo con la del peto. ▼

17 Para encajar el protector antipolvo, labre las ranuras en los cantos interiores de los travesaños tal como se muestra en los planos.

18 Monte toda la estructura en seco. Realice los ajustes necesarios y vuelva a desmontarla. ▶

19 Marque la posición de las correderas de los cajones en la cara interna de los laterales de la cómoda. Sus espigas no van embutidas en una caja, sino en las ranuras de los travesaños delantero y posterior. ▶

20 Labre una ranura en cada corredera para albergar el protector antipolvo.

21 Marque, corte y ajuste los cuatro protectores antipolvo.

22 Pruebe a montar en seco todas las piezas. Si todo funciona como es debido, compruebe que todas están lijadas y encole y monte la estructura de la cómoda. ▼

INFORMACIÓN COMPLEMENTARIA	
70	Sujeción y prensado
86-87	Cómo utilizar una fresadora portátil

25 La trasera del cajón es un poco más estrecha que los costados, ya que va apoyada sobre el fondo; está enrasada con ellos por la parte superior, pero por abajo sólo llega hasta la ranura. Sin embargo, tiene que encajar con precisión en la estructura, tanto en la parte delantera como en el fondo del mueble. ▶

23 No es frecuente aplicar un acabado a las superficies internas de una cómoda, ya que quedan ocultas por los cajones, pero si lo desea aplique una simple capa de tapaporos o de la imprimación adecuada para el acabado que haya decidido emplear. En este punto, ya tendrá terminada una sólida estructura donde ʲroducir los cajones, que ᵘlizan madera contra ᵈera, sin ningún tipo de mecanismo. ▲

CONSTRUCCIÓN DE LOS CAJONES

24 Construya los cajones de uno en uno. Una vez acabado el primero, repita el mismo procedimiento con cada uno de los restantes. Cepille los costados para que deslicen suavemente y ajusten bien en la estructura de la cómoda. ▶

26 Coja el frente del cajón e introdúzcalo en su abertura correspondiente. Debería ajustarse perfectamente a las caras internas de los laterales de la cómoda, pero bisele ligeramente ambas testas para que se abran hacia la cara exterior del frente del cajón, que debe ser un poco más larga que la interior. ▷

27 Como comprobará en los planos, el frente del primer cajón va desde el reverso del techo de la cómoda hasta la cara inferior del primer travesaño frontal, cubriéndolo. ▷

28 Una vez que haya ajustado los costados, el frente y la trasera del cajón, labre la ranura para el fondo en las caras interiores de los tres primeros.

29 Haga los ensambles en cola de milano. La de los que unen el frente con los costados es solapada. ▲

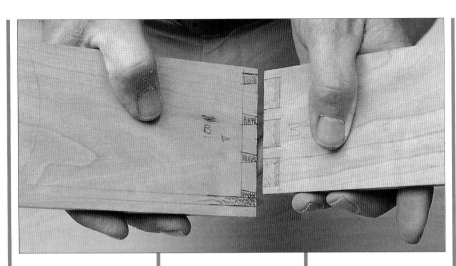

30 La trasera se une a los costados mediante ensambles en cola de milano vista. ▲

31 Recuerde que hay que dejar un margen para la ranura que hace las veces de tirador, que en el cajón de arriba está situada en el canto inferior del frente. En el segundo cajón va en el canto superior; en el tercero vuelve a estar en el inferior, y en el de abajo, otra vez en el canto superior. Estas ranuras transversales, además de servir como tiradores, hacen un efecto muy decorativo.

32 Corte las colas de milano con mucho cuidado. Las líneas transversales hechas a gramil deben coincidir exactamente con el grosor de las piezas. Esta técnica no permite cepillar mucho los costados de los cajones; para que encajen bien, tanto el marcado de la trasera y el frente como la realización de las colas de milano se deben hacer con toda exactitud, precisando sólo un mínimo de retoques posteriores.

33 Marque el fondo de contrachapado, córtelo y ajústelo. ▲

34 Deslice el fondo por las ranuras hasta que quede en su sitio. No va encolado, lleva simplemente dos tornillos que se introducen desde abajo para asegurarlo a la trasera. Monte el cajón en seco y compruebe que ajusta bien. ▲

35 Encole los ensambles y proceda al montaje definitivo del cajón. Cuando la cola haya secado, deberían bastar unas pocas pasadas de cepillo para lograr que deslice suavemente hasta el fondo. ▼

36 Una vez aprendida la técnica de construcción de cajones con el primero, siga el mismo procedimiento con los otros tres.

37 El fondo de la cómoda va simplemente encajado en sus ranuras, y se sujeta al travesaño posterior del cajón de abajo mediante un par de tornillos.

38 Lije el exterior de la cómoda y los frentes de los cajones y aplique el acabado final.

39 He aquí la cómoda ya terminada, encerada y pulida: un mueble decorativo y práctico para cualquier habitación. ▲

Cómodas

Estos muebles admiten prácticamente cualquier tamaño y proporciones.

El número y la disposición de los cajones también varía mucho. Haga un dibujo a escala antes de embarcarse en cualquier proyecto.

Tenga en mente qué piensa guardar en ellos, y recuerde que no deben ser tan grandes como para correr el peligro de soportar demasiado peso.

Es frecuente que la altura de los cajones vaya en disminución a medida que ascienden, lo que confiere un aspecto más sólido al mueble. Muchos diseñadores modernos no se atienen a esta regla, optando por disposiciones de los frentes interesantes y rompedoras.

HANK WOLLER •
Cómoda rascacielos
Este mueble es muy singular. A ello contribuye la mezcla de madera coloreada y al natural; el efecto conseguido se ve realzado por las diferentes texturas y el diseño de las puertas y cajones. ▶

internas de los laterales de la cómoda, que encajan en unas ranuras ciegas por la parte delantera labradas en los costados de los cajones con una fresadora.

En el mercado existe todo un surtido de guías deslizantes adaptables a una amplia gama de cajones, que van desde los más pequeños y ligeros hasta los grandes y pesados que se utilizan en las cocinas. Si emplea este tipo de guías, el frente del cajón debe sobresalir por los costados, cubriendo el frente del mueble, para que queden ocultas.

CAJONES Y HUECOS
Es posible combinar puertas con cajones o disponer éstos asimétricamente.

Correderas
Los cajones pueden deslizarse sobre el fondo (como en la cómoda del Módulo cuatro), o bien ir suspendidos de correderas laterales; en este caso, se trata de unos listones de madera dura, atornillados y encolados a las caras

Cómoda alta y estrecha

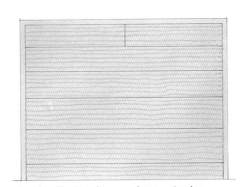

Combinación de cajones anchos y estrechos

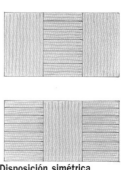

Disposición simétrica

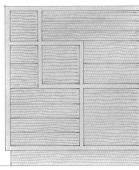

Disposición asimétrica de estilo moderno

TIRADORES

Además de contribuir a la decoración de la cómoda, los tiradores deben ser fáciles de empuñar y lo suficientemente sólidos como para resistir, sin sufrir daño alguno, el tirón necesario para la apertura de un cajón cargado hasta los topes. Puede construirlos usted mismo –ya sea integrados en el frente del cajón, o para que vayan atornillados– o bien escoger entre la casi infinita gama existente en el mercado.

Posición del tirador
En la ebanistería clásica, los tiradores nunca se sitúan en la línea media del cajón o de la puerta, sino un poco más altos. Esta regla se aplica tanto a tiradores situados en el borde –como en el caso de los armarios o aparadores– o en el centro. ▼

Posición del tirador en la puerta de un armario o aparador

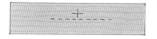

Posición del tirador en un cajón

Tamaño del tirador
Una parte importante del proceso de diseño es decidir el tamaño de los tiradores en relación con el del frente de los cajones. ▼

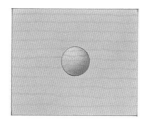

Decida el tamaño del tirador en función de las dimensiones del cajón

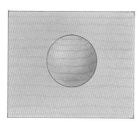

Los tiradores grandes se apropiarán del diseño

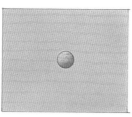

Los tiradores pequeños pueden convertirse en un detalle interesante y atractivo

Estilo de los tiradores
Los tiradores se pueden tallar a gubia, o labrarlos con una fresadora, en la madera maciza del frente del cajón. Añadirán un toque elegante y sutil al diseño, o bien jugarán un papel más predominante.

Los tiradores de sección cilíndrica constituyen una contribución audaz y moderna al diseño de los cajones. ▲

Un tirador dispuesto en ángulo confiere un aspecto muy singular al mueble. ▲

Labre un nicho para el tirador del frente del cajón. Inserte en él un cilindro de madera, o una pieza torneada. ▲

El tirador puede ser un reborde que discurra junto al cajón. Lábrelo en la madera maciza del frente, o haga una pieza para unirla al canto. ▼

Los tiradores deberían ser lo bastante largos para poder introducir los dedos con comodidad. ▼

ROBERT INGHAM •
Cómoda
Esta cómoda es una pieza exquisita en su género gracias a su diseño, a la elección del material, a los detalles y a su factura. ◄

Las sillas y su construcción

La silla ha sido siempre un gran reto para los diseñadores. Éste es el motivo de que existan tantos modelos distintos de un objeto tan común.

La fabricación de sillas se convirtió en una artesanía especializada a partir de la invención del bastidor. Los ensambles de caja y espiga se siguen utilizando mucho, aunque también se emplean con profusión las clavijas.

La construcción de sillas se ha convertido en la parte de la carpintería que más se presta a los trabajos de talla y de obtención de formas complejas. La tapicería ha influido en gran medida en su diseño. Los diseñadores, en particular los de este siglo, han desarrollado muchas ideas diferentes, desde las formas más simples a las más complejas y, en algunos casos, estructuras muy avanzadas. Así, en muchas ocasiones, la silla no es sólo un mueble: se convierte en una obra de arte. Sus estilos a menudo reflejan las principales corrientes del arte, la arquitectura y el diseño.

Patas traseras insertadas en ángulo

Sillas tradicionales: silla Windsor

Éstas eran las sillas que se fabricaban tradicionalmente en las zonas de Europa ricas en hayedos, donde se podía disponer de buena madera. El diseño de la ilustración es bastante refinado. Dentro del mobiliario rústico también aparecieron sillas de patas y travesaños torneados, a menudo con un asiento de enea. ▼

CONSTRUCCIÓN DE LAS SILLAS

Aunque la obtención de formas especiales ha caracterizado siempre la evolución de la silla, hay dos métodos básicos para su construcción: hacer los dos laterales y ensamblarlos, o hacer el frente y la parte trasera y ensamblarlos. El primero suele emplearse cuando la forma del lateral y del brazo es compleja, mientras que el segundo se utiliza generalmente cuando la parte compleja es el respaldo y las patas delanteras son talladas.

Montaje de los laterales ya ensamblados

Montaje de la parte trasera y frentes

El bastidor en D

A medida que la forma de las sillas evolucionaba, los métodos de construcción tradicionales empezaron a quedar desfasados y los silleros inventaron el bastidor en D. La inserción de las patas traseras en ángulo crea de modo natural un respaldo adelgazado por la base.

Uniendo las patas traseras a los travesaños laterales y al posterior mediante ensambles encolados y reforzados con clavijas, prensados con un sargento de cremallera, se consigue un armazón muy sólido. Este sistema permitió la fabricación de sillas con formas curvas antes de la invención del laminado o de la utilización del plástico para tales menesteres. ▶

Sargento de cremallera y ensambles a base de clavijas

Silla de estilo victoriano

Silla Windsor

Sillas tradicionales: silla de madera curvada

Siguiendo hasta cierto punto la tradición de las sillas Windsor, la casa Thonet creó en Austria una amplia y variada gama de diseños a base de madera curvada. La que aparece en la ilustración es uno de sus modelos clásicos e intemporales: la silla de café. Fue uno de los primeros muebles producidos en serie; durante la última década del siglo XIX se enviaron a América desmontadas cerca de cuatro millones. Han sido muy copiadas, pero nunca igualadas. ▼

Silla de café en madera curvada

Sillas modernas

Desde finales del siglo XIX, los nuevos materiales y técnicas se han aplicado masivamente al diseño y la fabricación de sillas.

Después de las tradicionales sillas Windsor y Thonet, aparecieron las formas obtenidas por laminado y luego empezó a utilizarse con profusión el metal y el plástico. El destino de tales innovaciones ha sido con más frecuencia los lugares públicos que el mobiliario doméstico. ▶

Silla laminada de Alvar Aalto

Silla de tubos de acero de E. Race

Silla de plástico fabricada de una pieza de Verner Panton

Durante la época del Art Nouveau y el Art Deco, las sillas adquirieron formas muy sofisticadas y una decoración

DISEÑOS ESPECIALES

Existen muchas sillas diseñadas en función del uso a que están destinadas: dos muy comunes son las sillas plegables y las apilables.

Sillas plegables

Un modelo muy tradicional de silla plegable es el que se cierra levantando el asiento. El otro método consiste en juntar los laterales. La silla del diseñador danés Mogens Koch es un bello ejemplo de este tipo de diseño.

Silla plegable de madera

Silla plegable de madera y lona

Sillas apilables

Las sillas apilables generalmente están hechas de metal o plástico, pero la de Peter Danko que se muestra aquí es de madera laminada.

Silla apilable de madera laminada

muy profusa. La ilustración muestra un diseño de principios de este siglo del arquitecto catalán Antoni Gaudí, que constituye un buen ejemplo del enfoque escultural del arte de la sillería. ▼

Silla de contrachapado curvado diseñada por Charles Eames

Silla modernista diseñada por Antoni Gaudí

En los años cincuenta, Eames ideó la silla con asiento y respaldo de contrachapado curvado; un diseño que combina la sencillez con la comodidad, proporcionando una postura adecuada. ▲

INFORMACIÓN COMPLEMENTARIA	
110-117	Módulo cinco: Silla de respaldo vertical
120-121	Diseño: Sillas de respaldo vertical
152-163	Módulo ocho: Sillón
170-171	Diseño: Sillones

Silla de respaldo vertical

La construcción de sillas requiere un alto nivel de pericia. El principal reto es que, con objeto de adaptarse a las curvas y ángulos del cuerpo humano, sus piezas raras veces se encuentran en ángulo recto. Los modernos diseñadores de sillas solucionan este problema combinando piezas rectas con otras curvadas previamente, como se hace en este caso.

Éste es el primer proyecto en el que se emplean técnicas de curvado de la madera. El asiento y el respaldo, ambos curvos, se fijan a un armazón recto construido mediante ensambles de caja y espiga.

ELECCIÓN DE LA MADERA
El haya, el fresno y el roble se utilizan a menudo en la construcción de sillas, ya que se necesita una madera ligeramente flexible. El haya, en especial, se emplea en las sillas tapizadas porque admite muy bien las tachuelas y grapas sin astillarse. La elección dependerá también de su grado de disponibilidad, así como del lugar y el uso que quiera dar a la silla. Un ulterior proyecto podría ser la construcción de un juego de sillas de este tipo.

ELEMENTOS NECESARIOS		
Nº	Madera de sierra	Madera cepillada
2	PATAS TRASERAS 711 × 38 × 38 mm	686 × 30 × 30 mm
2	PATAS DELANTERAS 432 × 38 × 38 mm	380 × 30 × 30 mm
2	TRAVESAÑOS LATERALES 457 × 85 × 25 mm	432 × 75 × 22 mm
3	TRAVESAÑOS TRANSVERSALES 457 × 130 × 25 mm	2 de 406 × 115 × 22 mm 1 de 280 × 115 × 22 mm
6	ASIENTO 406 × 75 × 25 mm	380 × 75 × 20 mm
1	TRAVESAÑO DEL RESPALDO 380 × 38 × 38 mm	368 × 30 × 30 mm
6	TABLILLAS VERTICALES DE MADERA MACIZA 457 × 75 × 45 mm (se pueden cortar varias a partir de una sola pieza)	
1	RESPALDO 380 × 75 × 45 mm	
+ cola, acabado, tornillos, cinta adhesiva		

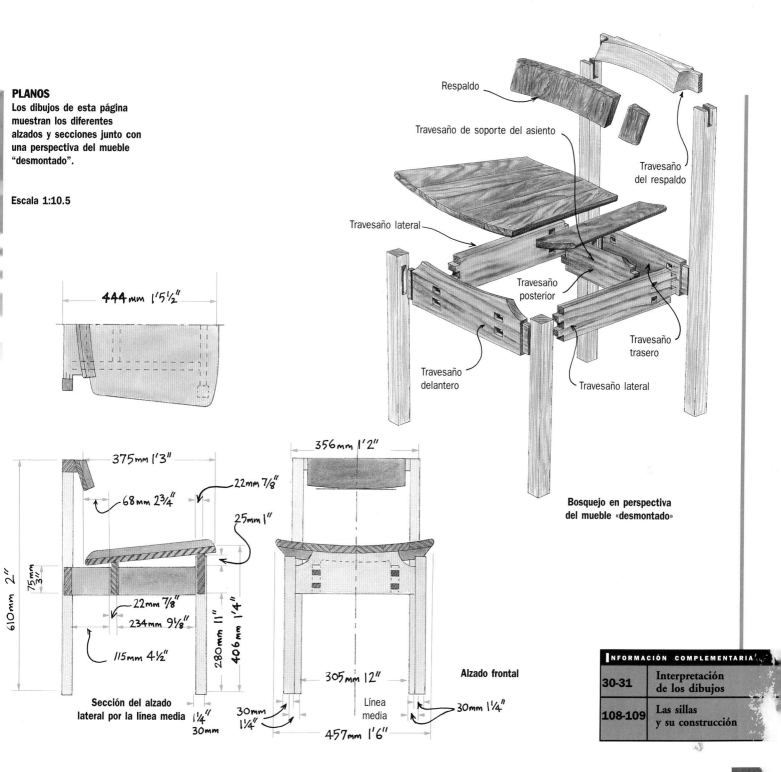

PLANOS

Los dibujos de esta página muestran los diferentes alzados y secciones junto con una perspectiva del mueble "desmontado".

Escala 1:10.5

444mm 1'5½"

Respaldo

Travesaño de soporte del asiento

Travesaño del respaldo

Travesaño lateral

Travesaño posterior

Travesaño trasero

Travesaño delantero

Travesaño lateral

Bosquejo en perspectiva del mueble «desmontado»

375mm 1'3"

22mm 7/8"

68mm 2¾"

25mm 1"

356mm 1'2"

610mm 2"

75mm 3"

22mm 7/8"

234mm 9⅛"

280mm 11"

406mm 1'4"

115mm 4½"

305mm 12"

Alzado frontal

Sección del alzado lateral por la línea media 1¼" 30mm

30mm 1¼"

Línea media

30mm 1¼"

457mm 1'6"

INFORMACIÓN COMPLEMENTARIA	
30-31	Interpretación de los dibujos
108-109	Las sillas y su construcción

COMPRA DE LA MADERA

1 Compre madera de dos grosores: de 38 mm para las patas y de 25 mm para los travesaños. El asiento y el respaldo curvos también son de 25 mm, pero el travesaño que sujeta el respaldo es de 38 mm.

ESCUADRÍA DE TODAS LAS PIEZAS

2 Corte las piezas a partir de los tableros de sierra. Para obtener la escuadría de cada una, proceda como siempre: cepille la cara vista, luego el canto visto, reduzca las piezas a su anchura y grosor y déjelas ligeramente más largas de lo necesario.

MARCADO DE TODAS LAS PIEZAS

3 Marque a lápiz todas las piezas a partir de la cara y el canto vistos.

MARCADO DEL BASTIDOR DEL ASIENTO

4 Empiece por el bastidor, dejando para más tarde el asiento y el respaldo. Marque y corte los travesaños que lo componen por el siguiente orden.

5 Los dos travesaños laterales y el de soporte del asiento están unidos en H. El de soporte es más ancho que los otros dos, puesto que debe tener la curva del perfil del asiento. Marque ya esa curva, así como las otras dos curvas decorativas de los extremos, y proceda a cortar por la parte exterior de la línea. Ya afinará la curva principal después, cuando el bastidor esté encolado; por el momento, pula las curvas decorativas con el bastrén y la cuchilla de carpintero. ▼

6 El travesaño de soporte del asiento se une a los dos laterales mediante ensambles de doble caja y espiga pasante. Además de resultar decorativos, son más sólidos que los constituidos por una sola espiga más larga. Márquelos a lápiz, compruebe que son correctos, haga las líneas de corte a cuchillo y gramil y sierre y escoplee las espigas y las cajas.

7 Acuchille todas las superficies planas. ▷

8 Monte en seco la estructura en H del bastidor. ▷

9 En este punto es conveniente hacer en el travesaño delantero y en el de soporte del asiento los agujeros escariados para albergar los tornillos que asegurarán el asiento. ▶

10 Los travesaños delantero y posterior también se unen a los laterales mediante ensambles de doble caja y espiga pasante.

11 Al igual que el travesaño de soporte del asiento, el delantero tiene que tener la misma curva para recibirlo, y también lleva otras dos curvas decorativas en los extremos. Márquelas y corte por la parte exterior de la línea, como en el caso anterior. Deje el afinado para más tarde; marque y corte en los travesaños delantero y posterior las espigas que irán embutidas en las cajas de las patas. Fíjese en que la distancia entre espaldones no es igual en ambos travesaños.

12 Marque las dobles espigas en cada uno de los extremos de los travesaños laterales, y sus dobles cajas correspondientes en los travesaños delantero y posterior; proceda a su aserrado y escopleado.

13 Monte en seco el bastidor completo. ▶

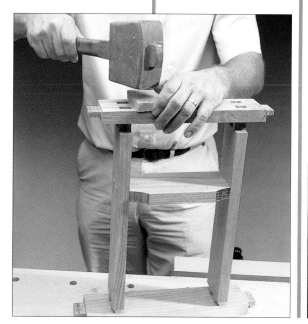

ELABORACIÓN DE LAS PATAS

14 Marque a cuchillo las patas delanteras y proceda al marcado y escopleado de las cajas. ▲

INFORMACIÓN COMPLEMENTARIA	
24-25	Cepillado
44-46	Cómo hacer un ensamble de caja y espiga
50-53	Herramientas manuales especializadas
164-165	Cómo dar forma a la madera

15 Monte en seco el travesaño y las patas delanteras. Repita el proceso con las patas traseras y el travesaño posterior. ▲

16 Marque y corte los extremos de las patas delanteras y traseras, para reducirlas a su longitud definitiva. Monte otra vez todas las piezas en seco. Ya está listo casi todo el armazón, pero falta el travesaño del respaldo que unirá las patas traseras por la parte superior. ▼

CURVADO DE LOS SOPORTES DEL ASIENTO

17 Coja el metro o una regla larga y colóquelo sobre el travesaño delantero y el de soporte del asiento para determinar y marcar el ángulo de inclinación al que tendrá que acuchillar con el bastrén los cantos curvos de estas piezas. ▼

MONTAJE DEL BASTIDOR

18 Lije las cinco piezas del bastidor, encólelas y móntelas, empezando por la estructura en H y añadiendo después el travesaño delantero y el posterior. En esta etapa, monte todavía en seco las patas y ponga tornillos de apriete tal como se muestra en la ilustración. ▶

CONSTRUCCIÓN DEL ASIENTO

19 El asiento se compone de seis tablillas encoladas mediante la técnica de tonelero. Prepárelas y marque los ángulos de sus cantos, que permitirán que las piezas adopten una superficie curva.

20 Con retales de madera sobrante, corte unos soportes con la misma curva cóncava de apoyo del asiento, y coloque las tablillas sobre ellos; así podrá comprobar los cantos al cepillarlos y ver si las tablillas se amoldan a la curva requerida. Si construye otras dos piezas convexas con el mismo grado de curvatura, tendrá dos pares de moldes macho y hembra: resultarán útiles al encolar y prensar las tablillas.

21 Cuando las tablillas encajen bien en seco, encólelas. Para ello, pegue transversalmente unas tiras de cinta adhesiva en la parte convexa de la curva (la de abajo) para mantener unidas las aristas inferiores de los cantos; abra las juntas y encole cada una por las dos caras. Al colocar el conjunto de tablillas sobre los moldes hembra, las juntas se cerrarán.

22 Ahora tiene que prensar el conjunto, y es aquí donde le resultarán útiles las piezas convexas. Sitúe un par de moldes macho y hembra en la parte delantera y otro en la trasera, prénselos ligeramente con sargentos y ponga unos tornillos de apriete pequeños en sentido transversal. Debe ejercer sólo la presión justa para cerrar bien las juntas.

23 Limpie el exceso de cola antes de que se seque. Una vez que haya secado del todo, quite los sargentos y tornillos de apriete y proceda a trabajar la forma del asiento. Puede emplear un cepillo en la cara convexa de la curva, pero tendrá que hacer uso del bastrén para suavizar e igualar la cara cóncava. ▼

24 Marque el estrechamiento posterior de los costados del asiento, así como las pequeñas curvaturas del borde delantero y trasero, y sierre por la parte exterior de estas líneas. Cepille los cantos y labre los radios de curvatura en los dos costados. Lije todo el asiento. ▲

25 Coloque el asiento sobre el bastidor y, si es necesario, ajuste las curvaturas del travesaño de soporte y del delantero. ▶

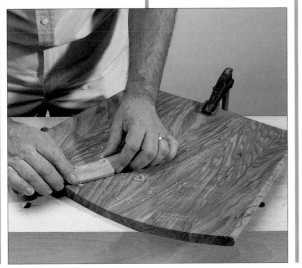

INFORMACIÓN COMPLEMENTARIA	
70	Sujeción y prensado
164-165	Cómo dar forma a la madera

28 Corte y ajuste los ensambles de horquilla, pero no los encole todavía. Corte la curva del travesaño, y marque y corte las tablillas del respaldo; como en este caso las va a encolar directamente sobre el travesaño, no tiene que construir primero la superficie curva por separado, como en el caso del asiento. Encole en primer lugar la tablilla central, bien situada, y a continuación vaya ajustando y encolando las restantes tablillas hacia los extremos. ▷

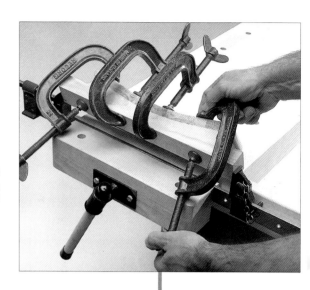

26 En esta etapa es conveniente colocar el asiento en su sitio y atornillarlo. Tendrá que volver a quitarlo antes de aplicar el acabado a la silla, pero resulta más útil hacerlo de este modo. ▲

CONSTRUCCIÓN DEL RESPALDO

27 Las patas traseras están encajadas en seco al bastidor del asiento, sujetas con unos tornillos de apriete; marque el travesaño del respaldo, con los ensambles de horquilla que lo unirán a los extremos superiores de las patas traseras, y marque también la curva donde se asentarán las tablillas que constituirán el respaldo. ▷

29 Repase el respaldo y labre los radios de curvatura en sus dos costados. ▷

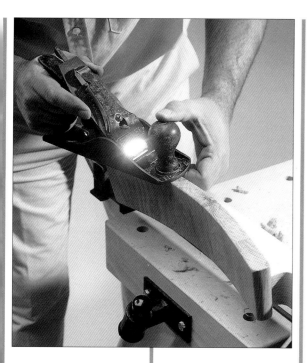

30 Haga un cepillado de testa para igualar las tablillas en el borde inferior del respaldo y para enrasar el borde superior con el del travesaño. ▲

MONTAJE DEFINITIVO

31 Lije todas las piezas. Encole las patas delanteras al travesaño delantero, las patas traseras al travesaño posterior, y el respaldo ya montado a los extremos superiores de las patas traseras. ▼

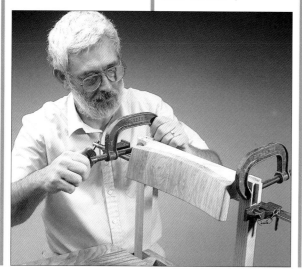

32 He aquí la silla ya acabada. Más adelante podría plantearse la construcción de un juego completo de sillas como ésta. ▼

INFORMACIÓN COMPLEMENTARIA	
24-25	Cepillado
70	Sujeción y prensado
164-165	Cómo dar forma a la madera

Ensambles con clavijas

La sujeción con clavijas es una técnica tradicional ampliamente utilizada en el arte de construir sillas. También se empleaban a veces a modo de chavetas para reforzar los ensambles de caja y espiga.

Las clavijas son muy útiles para unir aglomerado y otros tableros manufacturados.

Clavijas

Para que el ensamble quede bien hecho, las clavijas deben encajar firmemente en los agujeros, introduciéndose como mínimo 2 cm en cada una de las partes ensambladas. La longitud total del orificio (es decir, la suma de las longitudes de los taladros practicados en cada cara del ensamble) debe ser ligeramente mayor que la de la clavija.

Existen en el mercado clavijas ya cortadas de diferentes tamaños y diámetros. Tienen unas estrías longitudinales para permitir la salida del aire y el exceso de cola cuando se prensa el ensamble. Los extremos están achaflanados para facilitar su introducción.

CÓMO FABRICAR UNO MISMO LAS CLAVIJAS

Además de resultar más económico, es muy fácil fabricar uno mismo las clavijas que necesite a partir de una varilla larga de las que se encuentran en el mercado. Los diámetros que se usan con más frecuencia son los de 6, 10 y 12 mm.

1 Corte las clavijas a la longitud adecuada, a medida que las vaya necesitando, apoyando la varilla contra el tope del banco. ▲

2 Emplee el gramil de marcar para abrir unas ranuras longitudinales en la clavija con el fin de permitir la salida del aire y la cola. ▲

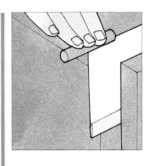

3 Otro método alternativo para hacer las estrías es sujetar en el tornillo de banco un serrucho de costilla con los dientes hacia arriba y frotar la clavija contra ellos. ▲

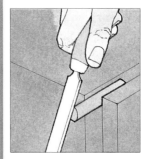

4 Achaflane las aristas de ambos extremos para poder introducir la clavija en el agujero con más facilidad. Para ello, emplee una escofina o compre una herramienta especial para redondear clavijas, que es bastante parecida a un afilalápices eléctrico. ▲

MARCADO DEL ENSAMBLE

Al igual que todos los ensambles, los realizados con clavijas se basan en un marcado preciso. Puede comprar plantillas para ayudarse en el marcado y taladrado, pero también es posible conseguir fácilmente un buen ajuste por el método que se describe a continuación.

Las caras que hay que marcar deben estar planas y a escuadra. Se necesita un mínimo de dos clavijas por cada ensamble; los trabajos más largos o que precisen más solidez requerirán un número mayor.

Marque las posiciones de las clavijas en una de las piezas por medio de la escuadra, el gramil y el cuchillo de marcar.

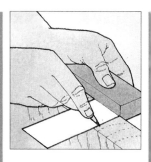

1 Sujete firmemente la pieza en el tornillo de banco y emplee la escuadra para marcar los centros de las clavijas. Apoye el talón de la escuadra en la cara vista. ▲

2 Ajuste la punta del gramil de marcar a la mitad del grosor de la pieza y, apoyando el cabezal en la cara vista, haga marcas transversales a las líneas de los centros trazadas previamente. ▲

TRASLADO DE LAS MARCAS

1 Emplee unas puntas o clavos finos para transferir las marcas de una cara del ensamble a la otra. Marque los centros de los agujeros en la primera pieza e introduzca una punta en cada uno. ▷

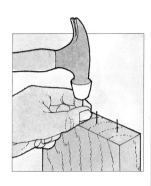

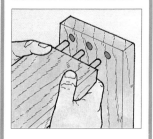

2 Corte las cabezas de los clavos con unos alicates o una cizalla. A continuación, encare la segunda pieza en la posición adecuada y apriétela o déle unos golpes suaves para marcar en ella los centros de los agujeros. Saque las puntas con los alicates. ▷

3 Otro método alternativo consiste en utilizar centradores, que son unos accesorios especiales para marcar los ensambles con clavijas. Marque y perfore unos orificios para ellos en la primera pieza. Inserte los centradores, encare la segunda pieza y presiónela para transferir las marcas. ▷

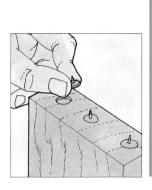

TALADRADO

Una vez marcados los centros de los agujeros, haga los taladros utilizando un berbiquí, una taladradora de mano o una eléctrica.

1 Use una broca de centrar para perforar con precisión justo en los centros de los agujeros que ha marcado.
Las brocas helicoidales para metal probablemente se desviarán. ▲

2 Que los taladros queden a escuadra con la superficie. Colóquese de modo que vea la testa de la pieza en sentido longitudinal para asegurarse de que está haciendo el taladro paralelo a las caras. Utilice un tope para que los agujeros tengan la profundidad requerida. ▲

TOPES DE PROFUNDIDAD

Muy a menudo hay que perforar la madera a una profundidad determinada, por ejemplo al hacer ensambles con clavijas o para evitar que la broca salga por el otro lado de la pieza. En el mercado se encuentran topes de profundidad en los que se encaja la broca, pero también se puede hacer uno enrollando un trozo de cinta adhesiva a su alrededor a la profundidad requerida.

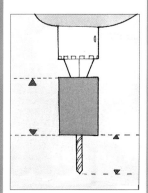

Cómo hacer uno mismo un tope de profundidad

Compruebe que la broca está firmemente sujeta en el mandril. Decida la profundidad del agujero y marque esa distancia en la broca a partir de la punta.

Mida la distancia entre la marca y el mandril y construya el tope con un trozo de madera de la misma longitud. Taladre en el centro un orificio del diámetro exacto de la broca que va a utilizar. Elimine cualquier rebaba o aspereza para evitar posibles daños en la pieza y encájelo en la broca. ▲

MONTAJE DEL ENSAMBLE

1 Antes de proceder al encolado, monte en seco el ensamble para comprobar que está bien alineado. ▲

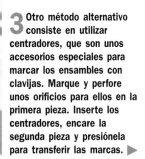

2 Ponga la cola en los agujeros, no en las clavijas, para evitar que éstas se hinchen. Emplee un mazo –o un martillo, interponiendo un trozo de madera sobrante para no dañar la pieza– con objeto de unir el ensamble con golpes suaves. ▲

INFORMACIÓN COMPLEMENTARIA	
9	La seguridad es lo primero
16-19	Herramientas manuales básicas
50-53	Herramientas manuales especializadas

Sillas de respaldo vertical

La silla es uno de los trabajos más estimulantes y complejos para un diseñador de muebles. Una silla de respaldo vertical debe ser sólida para resistir cargas y tensiones diferentes, y lo bastante ligera para moverla sin dificultad.

Muchas de las soluciones tradicionales a los problemas planteados por la construcción de sillas siguen siendo óptimas, pero aún hay multitud de posibilidades para crear nuevos diseños.

La comodidad de una silla no radica en la cantidad de tapicería que lleve, sino en los ángulos y posición de las piezas que la componen y en el soporte que su armazón proporcione al cuerpo. En una silla bien diseñada, los músculos del cuerpo no tendrían que trabajar para mantener una postura cómoda.

HANS WEGNER •
Silla
El asiento de rejilla, así como el respaldo y los brazos hechos de una pieza, hacen de esta silla un clásico en su género. Diseñada originalmente en 1947, es otro ejemplo (ver ilustración de la derecha) de los muebles daneses producidos en serie basados en la tradición del trabajo artesanal. ◄

SOPORTE DEL CUERPO

En una silla de respaldo vertical o "de trabajo", el cuerpo se apoya en cuatro lugares: los talones, los huesos pelvianos y la región lumbar o una zona reducida de la espalda.

Centro de gravedad

La mejor posición para realizar diversas actividades –ya sea comer, escribir a mano, o a máquina– es aquella en la que la espina dorsal permanece erguida y el centro de gravedad está en una línea vertical que va desde el cráneo hasta la pelvis.

Principios del soporte corporal

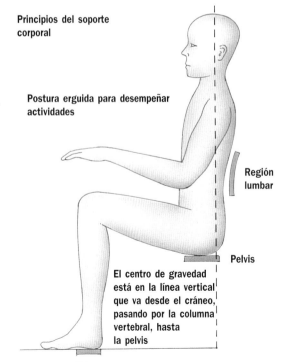

Postura erguida para desempeñar actividades

Región lumbar

Pelvis

El centro de gravedad está en la línea vertical que va desde el cráneo, pasando por la columna vertebral, hasta la pelvis

Talones

Postura básica
La postura básica se adopta cuando la persona se sienta en el suelo con las piernas cruzadas, o en la postura denominada "Balans", propuesta por los investigadores noruegos en los años ochenta. En esta postura el peso del cuerpo se reparte entre la pelvis y las rodillas. ▼

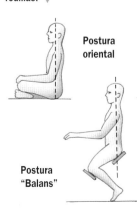

Postura oriental

Postura "Balans"

Tamaño de las sillas
El tamaño óptimo de una silla, pensado para adaptarse a las proporciones del adulto medio, ha evolucionado en el transcurso del tiempo y los diseñadores cuentan hoy día con un conjunto de dimensiones a partir de las que empezar a trabajar.

Estas medidas básicas constituyen el punto de partida para una amplia gama de diseños especiales. Las dimensiones deben adaptarse para que sean adecuadas a cualquiera que no tenga la altura y la constitución media.

Cuando se diseña una silla específicamente para una mesa, hay que tener en cuenta la altura de ésta para que la persona pueda sentarse cómodamente. ▶

h = altura del asiento
39 a 43,2 cm
Comience siempre a trabajar a partir de esta medida. Si la

HANS WEGNER •
Silla china

Hans Wegner ha sido uno de los diseñadores escandinavos más prolíficos y coherentes. A lo largo de su carrera ha producido muebles clásicos e intemporales que mantienen su vigencia cuarenta años después de haber sido diseñados. ◀

silla es demasiado alta, ejercerá presión en la parte posterior de los muslos; si es demasiado baja, tal vez resulte difícil levantarse.

sp = soporte pélvico
15 cm
Ésta es la zona que soporta el peso del cuerpo.

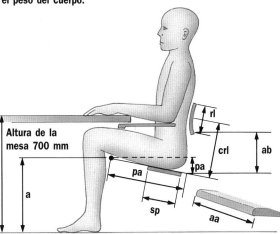

Altura de la mesa 700 mm

pa = profundidad del asiento
34,3 a 38 cm
Una silla que tiene demasiada profundidad hace presión en las pantorrillas, mientras que si tiene poca puede ser inestable.

pa = pendiente del asiento
2,5 cm, aproximadamente,
o bien de 5 a 8 grados.
El asiento tiene forma descendente para soportar la inclinación natural de la pelvis y la curvatura de la espina dorsal en la región lumbar. Las sillas de trabajo suelen ser horizontales, lo que facilita al usuario inclinarse hacia adelante para escribir.

crl = centro de la región lumbar
20 cm
Distancia desde la parte posterior del asiento hasta el centro de la región lumbar, donde la espalda necesita apoyarse.

rl = región lumbar
10 cm
Ésta es la zona que debería tener forma para adaptarse a

la curva de la región lumbar. Si el respaldo va a ser alto, prolongue esta zona en un ángulo de 20 a 25 grados respecto a la vertical para apoyar los hombros.

ab = altura del brazo desde la parte posterior del asiento
24 cm
Emplee esta dimensión para calcular la altura del brazo de la silla, o la altura relativa del tablero de la mesa.

aa = anchura del asiento
43 a 46 cm (asiento), 48 a 51 cm (entre los brazos de la silla).
La anchura del asiento a menudo se estrecha hacia el fondo para dejar espacio para las piernas en la parte delantera y al mismo tiempo permitir el juego de los codos en la parte posterior.

ESCUELA DE JOHN MAKEPEACE • Silla Phoenix

Es un diseño muy impactante. Realizado con corteza de acebo laminada, nudos de olmo y roble decolorado y quemado, resulta extremadamente atractivo. La elección de los materiales realza mucho las cualidades de la silla. ▲

4 Curso superior

Los proyectos de este último curso aplican y desarrollan de diversas maneras las técnicas aprendidas anteriormente. El escritorio tiene cajones y se emplean ensambles de caja y espiga, pero aparece un nuevo método de construcción de armazones: el bastidor con panel. El diseño del escritorio se puede personalizar fácilmente para adaptarlo a las propias necesidades. En cuanto a las cajas decorativas, su pericia artesanal se desarrollará en un plano diferente. Para la realización de la tapa de madera maciza, con sus colas de milano vistas, se requiere maestría. Las cajas de contrachapado proporcionan una oportunidad ideal para experimentar con la diversidad de formas y colores de las chapas. Por último, el sillón constituye un proyecto de mayor envergadura pero, llegados a ese punto, no debería encontrar dificultad para desarrollarlo, puesto que en él se aplican los conocimientos ya adquiridos.

Escritorio

Este escritorio reúne una serie de técnicas que ya ha aprendido y practicado en anteriores proyectos.

Con su realización comprobará cómo la construcción de un mueble complicado se subdivide en una serie de elementos más simples: bastidores, armazones, cajones y paneles. Cada uno de ellos se construye por separado para irlos combinando por etapas hasta completar el mueble.

OBJETIVOS DEL PROYECTO
Mostrar cómo la construcción de muebles complicados se subdivide en la de elementos más simples.

HERRAMIENTAS NECESARIAS
Tiza
Lápiz
Metro de carpintero
Serrucho para tableros
Gramil de marcar
Cuchillo de marcar
Garlopa
Sierra para colas de milano
Surtido de formones
Gramil de escoplear
Escuadra
Fresadora eléctrica portátil, cepillo de rebajar de banco o cepillo de espaldón, ·y cepillo tupí
Tornillos de apriete
Cuchilla de carpintero
Taco de lijar
Taladradora eléctrica para el montaje de tornillos o clavijas, o fresadora de juntas; destornillador

TIEMPO DE EJECUCIÓN
Los bastidores laterales deberían terminarse en un fin de semana. El frente y el tablero necesitan otro fin de semana cada uno. El armazón de los cajones probablemente le llevará dos fines de semana, y uno o dos más los cajones en sí. Reserve otro para el montaje definitivo y la aplicación del acabado.

PUNTOS CLAVE QUE DEBE RECORDAR
Lea las instrucciones y planifique mentalmente el trabajo.

SEGURIDAD E HIGIENE
Siga al pie de la letra los consejos de la página 9.

ELECCIÓN DE LA MADERA
Con la experiencia adquirida en anteriores proyectos ya debería ser capaz de elegir cualquier madera dura de calidad que esté disponible y que case con su decoración.

ELEMENTOS NECESARIOS

Nº y tipo		Madera de sierra
1	TABLERO DEL ESCRITORIO	
2	largueros	965 × 57 × 30 mm
2	traveseros	560 × 57 × 30 mm
1	panel	914 × 510 × 12 mm
1	BASTIDORES LATERALES	
4	patas	762 × 45 × 30 mm
4	travesaños	533 × 57 × 30 mm
1	FRENTE	
2	largueros	914 × 57 × 30 mm
2	traveseros	510 × 45 × 30 mm
1	panel	838 × 406 × 10 mm
1	ARMAZÓN DE LOS CAJONES	
4	travesaños	914 × 3 × 57 mm
		914 × 80 × 25 mm
3	traviesas	510 × 140 × 25 mm
8	correderas	510 × 38 × 25 mm
2	CAJONES	
2	frentes	432 × 140 × 30 mm
4	costados	480 × 100 × 20 mm
2	traseras	432 × 75 × 14 mm
2	fondos	432 × 305 × 6 mm

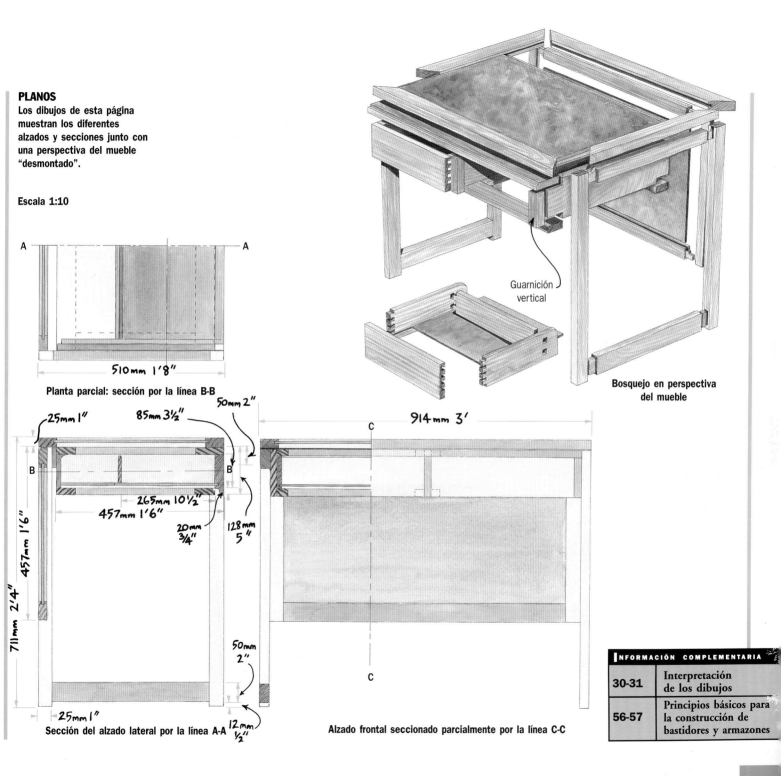

PLANOS

Los dibujos de esta página muestran los diferentes alzados y secciones junto con una perspectiva del mueble "desmontado".

Escala 1:10

A — — — — — A

510mm 1'8"

Planta parcial: sección por la línea B-B

Guarnición vertical

Bosquejo en perspectiva del mueble

50mm 2"

25mm 1"   85mm 3½"

914mm 3'

265mm 10½"

457mm 1'6"

20mm 3/4"

128mm 5"

457mm 1'6"

711mm 2'4"

50mm 2"

25mm 1"   12mm ½"

Sección del alzado lateral por la línea A-A

Alzado frontal seccionado parcialmente por la línea C-C

INFORMACIÓN COMPLEMENTARIA	
30-31	Interpretación de los dibujos
56-57	Principios básicos para la construcción de bastidores y armazones

COMPRA DE LA MADERA

1 Se debe comprar la mayor parte de la madera maciza de sierra de un grosor de 30 mm para dejarlo en 25 mm. Tanto en los cajones como en la estructura que los alberga se emplea madera de 25 y 20 mm para dejarla, respectivamente, en 20 y 14 mm. Necesitará también tres piezas de contrachapado o DM.

2 Marque y sierre todas las piezas. Luego cepíllelas y déjelas ligeramente más largas de lo necesario.

3 El proyecto está estructurado en una serie de etapas, que se explican en el orden de ejecución correspondiente.

CONSTRUCCIÓN DE DOS BASTIDORES LATERALES

4 Marque los ensambles de caja y espiga en las cuatro patas y los cuatro travesaños. Éstos deberían llevar espaldones por los cuatro costados y, en el caso de los superiores, un cogote en cada extremo.

5 Corte y ajuste los ensambles. Monte los bastidores en seco; compruebe que ambos tienen el mismo tamaño, y que están planos y a escuadra. Desmóntelos y lije todas las piezas. ▼

6 Encólelos, vuelva a montarlos y prénselos. A continuación, repáselos a lija y aplique una capa de acabado.

ACABADO DE LAS SUPERFICIES: TABLERO Y FRENTE

7 Estos acabados deberían aplicarse antes de construir los paneles, y hacerlo a la vez puesto que ambos se verán simultáneamente.

En el prototipo se empleó linóleo, ya que constituye una superficie agradable para escribir. Por su parte, el contrachapado –o el DM ya chapado– ahorran tiempo. También podría chapearlos usted mismo, aplicar un laminado plástico o pintar la superficie.

Sea cual sea su elección, el acabado tiene que aplicarse antes de insertar cada panel en su respectivo bastidor.

CONSTRUCCIÓN DEL FRENTE

8 Se trata de un panel insertado dentro de un bastidor. Marque los largueros y los traveseros y labre en los cantos internos la ranura donde irá alojado el panel.

9 Marque y corte todos los ensambles de caja y espiga. Recuerde que los cogotes deben rellenar el extremo de la ranura.

10 Monte el bastidor en seco y marque el panel de contrachapado de manera que ajuste bien. Córtelo y encájelo.

11 Desmonte el bastidor, pero no sin antes comprobar que el panel encaja bien y que el conjunto está plano y a escuadra. Encólelo y prénselo. Cuando la cola haya secado, líjelo y aplique el acabado definitivo. ▲

CONSTRUCCIÓN DEL TABLERO

12 Corte el material del panel central a un tamaño ligeramente superior al definitivo. El panel lleva un rebajo por los cuatro costados para encajarlo en las ranuras del bastidor.

13 Marque las cuatro piezas del bastidor y labre las ranuras en todos los cantos interiores. Marque el panel central con precisión a su tamaño definitivo y haga el rebajo en los cuatro costados. ▼

14 Comience encajando las cuatro piezas del bastidor en el panel central del tablero. Proceda con cuidado: las esquinas del bastidor van a inglete; tiene que construirlas sobre el panel central. Corte el inglete en los largueros y móntelos en el panel; haga lo mismo con los traveseros hasta que el bastidor quede ajustado en torno al panel central; los cuatro ingletes han de cerrar bien. ▼

15 Encole el bastidor al panel central y prénselo. Una vez que haya secado la cola, lije y pula el bastidor. Deje aparcado el tablero junto con los bastidores laterales y el frente. ▶

CONSTRUCCIÓN DEL ARMAZÓN DE LOS CAJONES

16 Marque las piezas. Las dos traviesas laterales van unidas a todos los travesaños. El travesaño superior exterior es más ancho que los otros tres, puesto que su canto tiene que estar enrasado con el frente del cajón.

17 Por la dirección del grano de la madera en las traviesas no es posible ensamblar en cola de milano los cuatro travesaños. Van montados sobre unos rebajos de las esquinas. ▲

18 Atornille y encole los travesaños en su sitio. ▼

19 Para no ver la testa de las traviesas, cúbrala con una pequeña guarnición o cubrecantos por la parte de los cajones. ▼

INFORMACIÓN COMPLEMENTARIA	
44-45	Cómo hacer un ensamble de caja y espiga
47	Preparación de las superficies
60-61	Acabados de la madera
70	Sujeción y prensado

20 En el centro del armazón hay una tercera traviesa que sirve para separar los dos cajones. También lleva rebajos para unirla a los travesaños y se atornilla igual que las laterales. Este armazón no es difícil de hacer, pero es esencial marcarlo con mucha precisión para que los huecos de los cajones estén paralelos y a escuadra. ▲

21 Coloque las correderas de los cajones, ocho en total. Van atornilladas entre los cuatro travesaños y sobre ellas deslizarán los cajones. Estas piezas se pueden lijar ahora y aplicarles el acabado. ▼

CONSTRUCCIÓN DE LOS DOS CAJONES

22 Están hechos de modo similar a los ya vistos a lo largo del libro, pero, en este caso, aunque los costados llegan hasta el fondo del armazón, la trasera está situada a dos tercios de la longitud total para evitar que los cajones se abran del todo y vayan a parar al suelo junto con su contenido.

23 Cepille los cantos de los costados para que los cajones corran suavemente. La trasera debe encajar en el hueco con precisión. Ajuste el frente. Haga ranuras tanto en éste como en los costados para introducir el fondo de contrachapado. Marque a gramil la posición que van a ocupar los costados en los extremos de la trasera y el frente. Haga ensambles de doble caja y espiga pasante para unir la trasera y los costados, y ensambles en cola de milano solapada para unir éstos con el frente.

24 Monte los cajones y métalos en el armazón. Deberían deslizar con suavidad. ▲

25 Haga los tiradores en forma de ranuras labradas en el borde inferior del frente del cajón, o bien corte unos rebajos en el travesaño inferior. ▼

MONTAJE DEL MUEBLE

26 Fije los bastidores laterales a cada extremo del armazón de los cajones y del frente. El escritorio se puede ensamblar de manera permanente por medio de clavijas, tacos planos o lengüetas, o bien hacerlo desmontable utilizando tornillos.

En el prototipo se utilizó este último sistema. Su ventaja es que, si se personaliza el escritorio para hacerlo más largo, resulta mucho más fácil transportar los componentes y montarlos en la habitación donde vaya a ir el mueble.

27 Atornille los bastidores laterales al tablero desde el interior del armazón de los cajones. ▶

28 El método más sencillo para asegurar el frente es atornillarlo a los extremos del armazón de los cajones desde el exterior de los bastidores laterales. En tal caso, las cabezas de los tornillos quedarán visibles en los bastidores laterales. Si no desea que se vean, escarie los agujeros y tápelos una vez introducidos los tornillos. Sin embargo, muchos carpinteros opinan que los tornillos Posidrive o los de cabeza Allen son bastante aceptables a la vista. ▶

29 Una vez montada la estructura, coloque el tablero en su sitio y atorníllelo desde abajo. Termine de aplicar el acabado definitivo a todos los componentes. Meta los cajones en su sitio. ▶

30 He aquí el escritorio acabado. Para su realización se han combinado las técnicas de carpintería tradicionales con algunas nuevas. ▲

INFORMACIÓN COMPLEMENTARIA	
71	Cómo aplicar los acabados
86-87	Cómo utilizar una fresadora portátil
94-95	Principios básicos para construir cajones

Cepillado a máquina

Sólo cepillando a mano se siente el verdadero "tacto" de la madera. Es importante dominar en primer lugar esta técnica, ya que es el único modo de entender cómo cortan las cuchillas y de qué manera afectan al acabado los diferentes tipos de madera y direcciones del grano. Esta sensación brilla por su ausencia en el cepillado a máquina, pero en cambio ahorra mucho esfuerzo en los trabajos grandes y penosos.

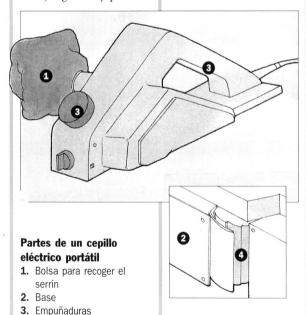

Partes de un cepillo eléctrico portátil
1. Bolsa para recoger el serrín
2. Base
3. Empuñaduras
4. Portaherramientas cilíndrico con cuchillas

CEPILLOS ELÉCTRICOS PORTÁTILES

Estos cepillos cortan gracias a unas cuchillas o hierros instalados en un portaherramientas cilíndrico. Es esencial que todos los protectores estén colocados como es debido y trabajar guardando las debidas normas de seguridad para que los dedos y manos queden siempre fuera del alcance de las cuchillas.

Como ya se vio en su momento, a la hora de cepillar un canto con un cepillo manual es conveniente utilizar la mano libre como guía, sujetando el costado y la base del cepillo. Nunca

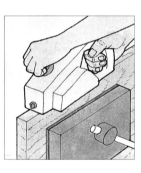

haga esto con un cepillo eléctrico portátil.

Puede comprar una mesa especial para montar boca arriba el cepillo y convertirlo en una máquina cepilladora. Tome nota de los procedimientos descritos más abajo en cuanto al manejo de las cepilladoras. Siga siempre las instrucciones del fabricante sobre el uso de los protectores de seguridad.

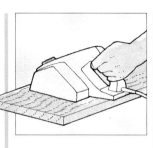

2 Si la pieza está torcida o alabeada, haga algunas pasadas a contrahílo, pero termine siempre haciendo pasadas al hilo. ▲

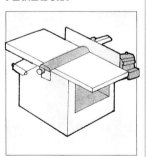

1 Cuando cepille al hilo mantenga siempre las dos manos en las empuñaduras. Gradúe el cepillo para que haga cortes poco profundos, y trabaje despacio para obtener un buen acabado. ▲

MÁQUINAS CEPILLADORAS: PLANEADORA

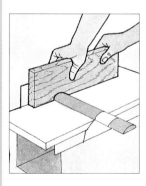

La planeadora permite cepillar superficies y hacer cantos a escuadra o en ángulo. Nunca intente cepillar piezas cortas; deben tener siempre 30 cm como mínimo. ▲

Cepillado de la cara vista

1 Es importante adoptar la postura correcta: hay que permanecer de pie al lado de la máquina, justo detrás del cilindro portaherramientas. ▲

2 La máquina tiene una protección para que las manos no se acerquen a las cuchillas del cilindro portaherramientas; puede tratarse de una pieza larga en forma de puente, o ser pivotante, que se aparta al pasar la tabla. Utilice siempre la protección. ▲

3 Pase la madera por la mesa anterior hacia el cilindro portaherramientas, que está ligeramente más elevado, a la misma altura que la mesa posterior; la profundidad de corte se ajusta elevando o bajando la mesa anterior. ▶

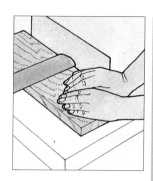

4 Cuando pase por la máquina la tabla, que a veces presentará alguna curvatura, presiónela primero contra la mesa anterior. ▶

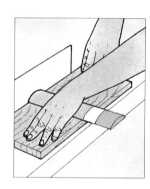

5 En cuanto las cuchillas hayan empezado a cortar y la tabla comience a salir por la mesa posterior, bajo el protector de seguridad, mueva primero la mano que la dirige y luego la otra para que toda ella esté en contacto con la mesa posterior. Este movimiento se vuelve instintivo con la práctica. ▶

Cepillado de un canto a escuadra

Compruebe primero que la guía está a escuadra con la mesa. Asegúrese de que las protecciones están en su sitio y pase la madera por la máquina, con la misma secuencia de movimientos descrita en el apartado anterior, pero comprobando en este caso que la cara se apoya bien contra la guía. ▼

Cepillado de un canto en bisel

1 Para cepillar un canto en un ángulo distinto de 90 grados, ajuste la guía. Ponga especial cuidado para que la cara de la pieza se apoye bien contra la guía. ▼

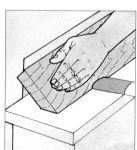

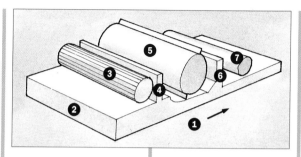

Partes de una regruesadora

1. Dirección de paso de la pieza de madera
2. Pieza de madera
3. Rodillo de alimentación anterior
4. Astilladora
5. Cilindro portaherramientas
6. Barra de presión
7. Rodillo de alimentación posterior

REGRUESADORA

1 Una vez alineados y escuadrados la cara y el canto vistos en la planeadora, la regruesadora asegura que la tabla se cepille con precisión hasta la anchura y el grosor requeridos.

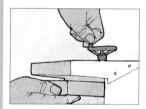

2 No intente hacer un corte profundo. Cuando pase la pieza por la máquina, mantenga los dedos alejados de la boca de alimentación. ▲

3 Para trabajar piezas delgadas, utilice una tabla de empuje. Se puede construir con una plancha de madera a la que se atornilla un listón en un extremo inferior. Coloque esta plataforma sobre la pieza que hay que cepillar, con el listón hacia abajo y apoyado contra el canto más próximo, y empújela para pasar la madera por la máquina. No intente trabajar el canto de piezas delgadas. ▼

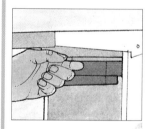

INFORMACIÓN COMPLEMENTARIA	
9	La seguridad es lo primero
24-25	Cepillado
76-77	Herramientas eléctricas portátiles
92-93	Maquinaria eléctrica

Escritorios

Todo escritorio debe tener una superficie donde escribir situada a una altura cómoda, y normalmente lleva algún sistema para guardar los útiles de trabajo y los papeles.

Hoy día los escritorios deben albergar ordenadores y periféricos de diversas formas y tamaños. Si el despacho está en casa, también necesita archivos y otros sistemas para almacenar documentos.

Escritorio sencillo

Consiste en una mesa para escribir provista de uno o más cajones. La superficie del tablero debe estar constituida por algún material elástico y resistente que resulte agradable para escribir sobre él. El tablero puede ser raso o llevar al fondo algún sistema de almacenamiento sencillo. ▷

Mesa de despacho

Este tipo de escritorio, con un hueco para meter las piernas, supone un avance respecto al anterior al introducir estructuras de bastidores y paneles para crear zonas de almacenamiento a uno o a ambos lados. ▷

"Mesa de director"

Este tipo de escritorio tradicional es una versión de la anterior más grande, sólida e imponente que lleva bastidores y paneles decorativos en todo el perímetro exterior. ▷

ANDREW LAWTON •
Escritorio Chevron

Mueble muy sobrio con elegantes detalles. Los paneles laterales "plegados" sacan el máximo partido al veteado de la madera, y las espigas pasantes con cuñas están situadas estratégicamente. Es un fino trabajo en la construcción de cajones, provistos de interesantes tiradores. El conjunto se complementa con un tablero delicadamente teñido. ▷

JUDITH AMES •
Escritorio (y silla)

La mesa es de diseño muy simple, realzado por las curvas de las cuatro patas y los travesaños superiores.

El contraste entre las diferentes maderas hace muy buen efecto y el conjunto tiene un aspecto clásico e intemporal que nunca pasará de moda. ▽

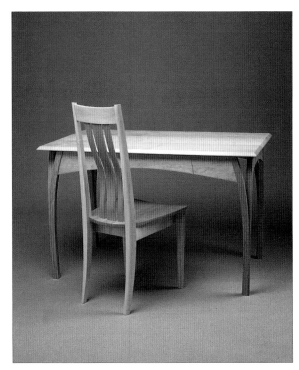

Buró

Este mueble se creó en el siglo XVII. El trampón, o tapa abatible, se abre para crear una superficie horizontal de trabajo descubriendo una gran variedad de compartimentos y cajones donde guardar papeles y objetos. Cuando está abierto, se sujeta mediante un par de guías deslizantes que se esconden en el interior del mueble. Esta idea básica se puede desarrollar con distintas disposiciones de los cajones o puertas en la parte inferior y una pequeña estantería en la superior. ▲

Tirantas de latón

Las tirantas son un método alternativo para sujetar el trampón. Los cajones y compartimentos interiores están ligeramente retranqueados hacia el fondo para permitir el movimiento de las tirantas. Las hay de distintos tipos: curvas, de compás, etc. ▶

Cierre de tambor

Los escritorios con cierre de tambor se hicieron muy populares en América durante el siglo XIX. El tambor está constituido por una serie de listones de madera encolados sobre una lona que se deslizan por unas ranuras laterales para abrirlo o cerrarlo. Su flexibilidad permite que se adapte a las líneas curvas del escritorio. ◀

Puesto de trabajo

Con la llegada de los ordenadores, el escritorio se ha convertido en un auténtico puesto de trabajo completo que debe tener espacio para una gran variedad de aparatos y equipo. Con objeto de evitar posturas forzadas e incómodas, los teclados deben situarse 5 cm por debajo de la altura normal de una mesa para escribir. En cambio, la pantalla tiene que estar más alta, al nivel de la vista. ▲

DAVID DELTHONY •
Escritorio concha

Tiene una forma escultórica muy interesante, con dos superficies situadas a distinto nivel: la superior para escribir y la inferior para el teclado. Su aspecto guarda un vago parecido con el de la clásica mesa de faldones. El escritorio ofrece tres posibilidades: una para escribir a mano, otra para hacerlo a máquina o para utilizar el teclado del ordenador, y la tercera para almacenar objetos y papeles en los cajones. Las formas curvas de los tableros y el pie se complementan perfectamente. ▲

Chapas

Las chapas son delgadas láminas de madera que se emplean con fines decorativos o estructurales. Si la madera se convierte en chapas decorativas es porque algunas especies son escasas o demasiado caras para usarlas en forma de tablas macizas, o porque su estructura las hace inadecuadas para utilizarlas de este modo. Este tipo de chapas, que se encolan sobre una base sólida, ofrecen ricos coloridos, dibujos, veteados y texturas que a veces es imposible conseguir utilizando madera maciza.

No piense en la chapa como en un sustituto o como en algo de menor calidad. Es una alternativa a la madera maciza válida y respetable.

Las chapas decorativas generalmente tienen un espesor que va de 0,6 a 1 mm. Las estructurales se utilizan en la producción de contrachapado o laminados y suelen ser mucho más gruesas, desde 2,5 hasta 3,5 mm.

FABRICACIÓN DE LA CHAPA

Los especialistas en su fabricación deben ser capaces de evaluar a simple vista la posibilidad de obtener una chapa viable a partir de un rollizo. Gran parte de la pericia del cortador se basa en saber cómo trabajar el rollizo para producir la mayor cantidad posible de chapas de calidad. Es posible cortar grandes láminas a partir de algunas maderas, pero en otras que tienen características especiales las láminas serán más pequeñas. Básicamente hay tres métodos para obtener las chapas: desenrolle, rebanado y aserrado.

Aserrado

Antes de que se inventaran las máquinas de rebanado de chapas en el siglo XVIII, todas las chapas se obtenían utilizando sierras manuales. Hoy día el aserrado sólo se utiliza para maderas especiales o difíciles de trabajar, o cuando se quiere obtener un determinado tipo de veteado.

su inmersión en agua o vapor. La chapa se corta con una gran cuchilla, cuyo ajuste depende del grosor que se desee obtener, ayudada por una barra de presión.

El rollizo se coloca en un gran torno; al rotar contra la cuchilla, va produciendo una lámina continua de chapa.

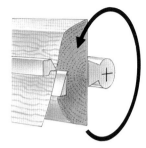

La chapa que se obtiene a partir de medios rollizos es más estrecha, pero presenta un veteado tan decorativo como con el procedimiento anterior. ▲

Es un método eficaz para producir grandes láminas para fabricar contrachapado y laminados; se utiliza también para la obtención de chapas decorativas, especialmente las de ojo de perdiz de arce.

El corte por desenrolle produce una chapa con un veteado característico como resultado del corte tangencial continuo de los anillos de crecimiento.

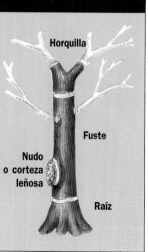
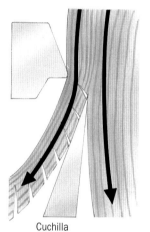

Cuchilla

La cuchilla va colocada inmediatamente debajo de la barra de presión con una separación que es la que define el grosor de la chapa. ▲

Con el aserrado se desperdicia mucha madera; llega a perderse hasta un 50 por ciento del rollizo en esta operación. ▲

Desenrolle

El rollizo se somete primero a un proceso de reblandecimiento mediante

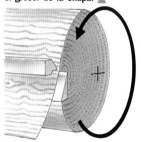

La colocación excéntrica del rollizo en el torno produce chapas más anchas y con un veteado más decorativo. ▲

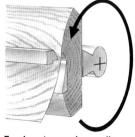

En el corte por desenrolle posterior, el rollizo se monta con el duramen hacia fuera. Con este método se obtienen veteados decorativos, como el de raíz y el de horquilla. ▲

Rebanado

Este sistema se utiliza para la obtención de chapas decorativas de maderas duras. En primer lugar se hacen dos cortes longitudinales al rollizo, e inmediatamente se analiza el grano para determinar el veteado más apetecible e interesante.

El rollizo se corta luego en trozos que se colocan en un bastidor deslizante que, al realizar un movimiento descendente, empuja la madera contra la cuchilla y la barra de presión para obtener una lámina de chapa.

Los trozos se colocan de muy diferentes maneras en función del tipo de veteado que se desee obtener.

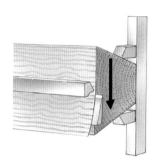

Este mismo tipo de chapas puede obtenerse también cortando tangencialmente un rollizo despiezado al cuarto. Las chapas son estrechas, pero muy atractivas. ▲

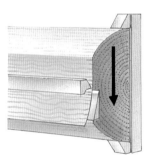

El rebanado longitudinal es el método más común. A partir de él se obtienen chapas tangenciales con veteado en curvas y óvalos muy vistosos. ▲

TIPOS DE CHAPAS

Las chapas decorativas siempre se cortan de modo que se aproveche al máximo el veteado de la especie del árbol.

Las chapas se apilan en orden consecutivo, a medida que se van obteniendo, para permitir casar el veteado. Su venta se realiza del mismo modo, ya que para casarlas han de escogerse consecutivamente.

En el mercado se encuentran chapas teñidas, ya sea en tonos naturales suaves o en colores muy vivos. También hay filetes, cenefas y adornos de incrustación prefabricados.

Los filetes son finas tiras que se utilizan para dividir zonas de chapas diferentes.

Las cenefas decorativas se hacen de secciones obtenidas a partir de los bordes de la madera; se encolan entre sí y luego se cortan en tiras. Compre siempre la suficiente cantidad para completar un proyecto, ya que es posible que no pueda conseguir de nuevo ese mismo tipo de dibujo y color.

Los adornos de incrustación se compran ya hechos para insertarlos en una superficie chapada o para usarlos en marquetería. Si es posible, deberían tener el mismo grosor que la chapa para que la presión ejercida durante el encolado sea uniforme. Tradicionalmente se han utilizado también otros materiales, como la madreperla o el latón, para esta clase de adornos.

Chapas, adornos de incrustación, filetes y cenefas

1. Álamo temblón
2. Pino coloreado
3. Olivo tropical
4. Fresno olivácео
5. Palisandro de Brasil
6. Cerezo
7. Zingana
8. Tuya
9. Selección de diferentes adornos de incrustación
10. Selección de cenefas y filetes

INFORMACIÓN COMPLEMENTARIA	
146-147	Chapeado
166-169	Curvado y laminado

Cajas decorativas

El marcado y el trabajo de precisión son más importantes que nunca a la hora de hacer objetos pequeños, porque es inevitable que uno se fije minuciosamente en los ensambles, la disposición de las piezas y los detalles.

La primera caja está hecha de madera maciza y tiene ensambles en cola de milano vista, tanto por motivos estructurales como decorativos. La segunda está chapada, y el efecto que produzca dependerá de la elección de la chapa.

OBJETIVOS DEL PROYECTO
Hacer un trabajo de la máxima calidad posible y minuciosos ensambles en cola de milano con fines decorativos.

HERRAMIENTAS NECESARIAS
Tiza
Lápiz
Metro de carpintero
Serrucho para tableros
Gramil de marcar
Cuchillo de marcar
Garlopa
Cepillo de contrafibra
Sierra para colas de milano
Segueta
Surtido de formones
Gramil de escoplear
Escuadra
Fresadora eléctrica portátil, cepillo de rebajar de banco o cepillo de espaldón, y cepillo tupí
Botador
Tornillos de apriete
Cuchilla de carpintero
Taco de lijar

TIEMPO DE EJECUCIÓN
La caja de madera maciza le llevará dos o tres fines de semana. La chapeada puede hacerse en una serie de tardes: probablemente, cerca de una semana y media en total.

PUNTOS CLAVE QUE DEBE RECORDAR
A la hora de planificar el despiece de la madera de sierra, corte los cuatro costados uno tras otro a partir de una tabla, y la tapa y la base de otra.

SEGURIDAD E HIGIENE
Siga al pie de la letra los consejos de la página 9.

ELECCIÓN DE LA MADERA
Sólo necesita una pequeña cantidad de material para la caja de madera maciza, así que escoja una especie exótica y atractiva. El prototipo se hizo de tejo porque, aunque es difícil de trabajar, tiene un aspecto muy bonito.

La caja chapeada está hecha de contrachapado. Como en el caso anterior, no hace falta mucho material, así que permítase el lujo de escoger la chapa que más le guste.

ELEMENTOS NECESARIOS: CAJA DE MADERA MACIZA

Nº	Madera de sierra	Madera cepillada
	PARA CORTAR Y HACER CUATRO LADOS (2 LARGOS Y 2 CORTOS)	
1	660 × 85 × 20 mm	2ª 180 × 75 × 12 mm
		2ª 130 × 75 × 12 mm
1	TECHO 180 × 130 × 20 mm	162 × 115 × 14 mm
1	FONDO 180 × 130 × 12 mm	162 × 115 × 10 mm

+ cinta adhesiva, cola, acabado, puntas pequeñas, bisagras (opcionales)

ELEMENTOS NECESARIOS: CAJA CHAPEADA

Nº y material	Madera de sierra	Madera cepillada
PARA CORTAR CUATRO LADOS		Tras instalar la tira de madera en la línea divisoria de la tapa 76 × 130 × 10 mm
1 contrachapado	320 × 120 × 10 mm	
1 madera maciza	320 × 12 × 10 mm	
TECHO Y FONDO		
2 contrachapados	78 × 78 × 10 mm	76 × 76 × 10 mm
2 hojas de chapa		REVESTIMIENTO INTERIOR Y EXTERIOR 480 × 150 × 1 mm (nunca inferiores)

PLANOS

Los dibujos de esta página y de la siguiente muestran los diferentes alzados y secciones junto con una perspectiva del mueble "desmontado".

Escala 1:3

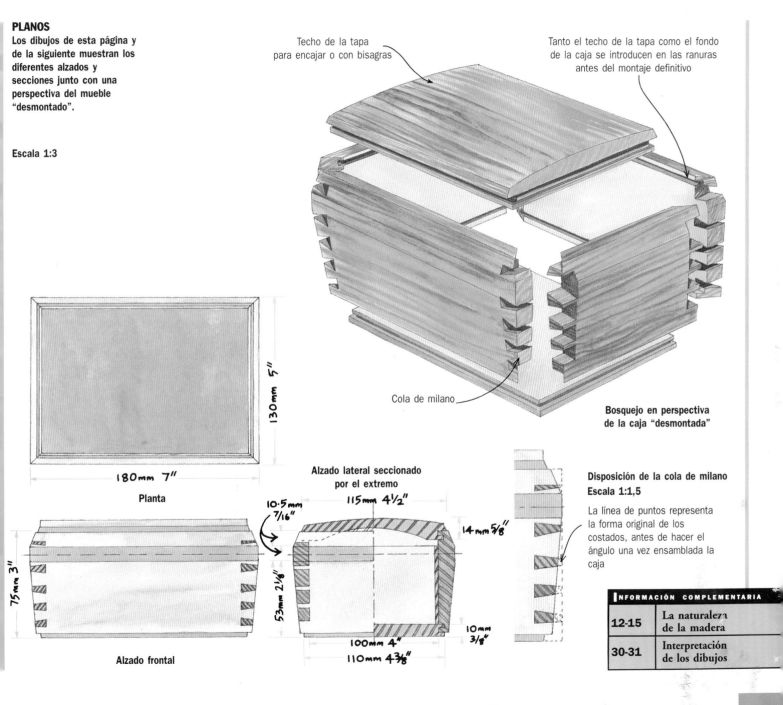

Techo de la tapa para encajar o con bisagras

Tanto el techo de la tapa como el fondo de la caja se introducen en las ranuras antes del montaje definitivo

Cola de milano

Bosquejo en perspectiva de la caja "desmontada"

130mm 5"

180mm 7"

Planta

10·5mm 7/16"

115mm 4½"

14mm 5/8"

75mm 3"

53mm 2⅛"

100mm 4"

110mm 4⅜"

10mm 3/8"

Alzado frontal

Alzado lateral seccionado por el extremo

**Disposición de la cola de milano
Escala 1:1,5**

La línea de puntos representa la forma original de los costados, antes de hacer el ángulo una vez ensamblada la caja

INFORMACIÓN COMPLEMENTARIA	
12-15	La naturaleza de la madera
30-31	Interpretación de los dibujos

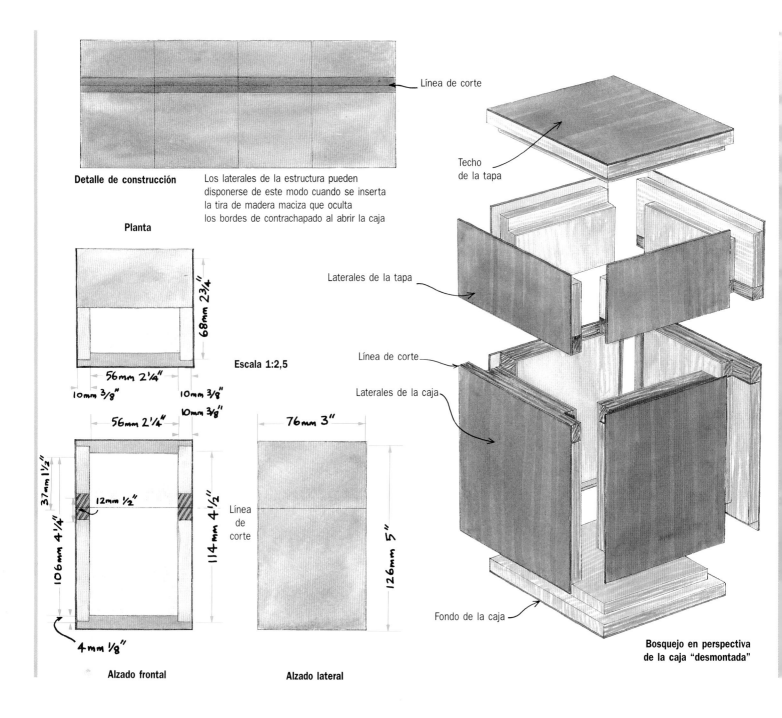

Línea de corte

Detalle de construcción

Los laterales de la estructura pueden disponerse de este modo cuando se inserta la tira de madera maciza que oculta los bordes de contrachapado al abrir la caja

Planta

68mm 2³/₄"

56mm 2¼"

10mm ³/₈" 10mm ³/₈"

Escala 1:2,5

10mm ³/₈"

56mm 2¼"

37mm 1½"

12mm ½"

106mm 4¼" 114mm 4½"

4mm ⅛"

Alzado frontal

76mm 3"

Línea de corte

126mm 5"

Alzado lateral

Techo de la tapa

Laterales de la tapa

Línea de corte

Laterales de la caja

Fondo de la caja

Bosquejo en perspectiva de la caja "desmontada"

CAJA DE MADERA MACIZA CON ENSAMBLES EN COLA DE MILANO

1 Marque las piezas en la madera y siérrelas. Cepíllelas todas para obtener la escuadría y córtelas un poco más largas de lo necesario.

ENSAMBLADO DE LOS LATERALES

2 Calcule el tamaño y las proporciones de la cola de milano de las cuatro esquinas. En el prototipo va disminuyendo de tamaño desde el borde superior al inferior, pero es factible cualquier otra disposición. La caja se construye primero a escuadra, y después se cepillan los costados para dejarlos en ángulo.

3 Haga las líneas de corte correspondientes a las hileras de colas y dientes por los cuatro costados de la tabla. Haga a lápiz una línea a 1,5 mm de las líneas de corte por la parte externa y sierre los costados de la caja a esa longitud.

4 Los extremos de las esquinas de la caja van a inglete, lo que permite ocultar las ranuras para introducir el fondo y el techo. Compruebe las marcas efectuadas y proceda a labrar las ranuras.

MARCADO Y CORTE DE LAS COLAS DE MILANO

5 Primero hay que cortar los dientes para marcar después las colas a partir de ellos. En los dos costados cortos, que son los que van a llevar los dientes, marque con todo cuidado las colas de milano en la testa, sombree a lápiz las zonas de madera que hay que eliminar y haga con el cuchillo de marcar y el gramil las líneas de corte, primero en la testa y luego descendiendo por las caras hasta la línea transversal. ▼

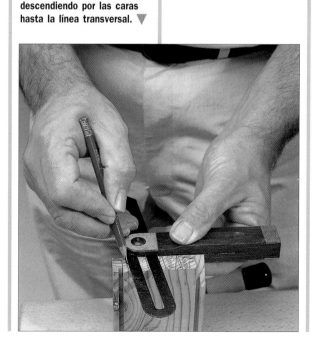

6 Para cortar los dientes, sierre primero las líneas verticales por la parte sobrante de la madera hasta la línea transversal, y elimine después los trozos con la segueta. ▼

7 Repase cuidadosamente a formón las zonas que quedan entre los dientes. Repita la operación en cada uno de las cuatro esquinas. ▶

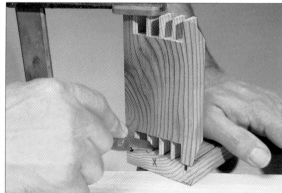

8 Coloque los costados largos sobre el banco con la cara interior hacia arriba, sitúe en posición los costados cortos y marque las colas a partir de los dientes. Tal vez le sea útil valerse de un tornillo de apriete para impedir que las piezas se descoloquen. ▲

9 Sombree a lápiz las zonas que hay que eliminar y corte con la sierra para colas de milano, por la parte sobrante, las líneas que acaba de marcar hasta la línea transversal; elimine después los trozos sobrantes con la segueta. Repase a formón las zonas situadas entre las colas.

10 No podrá montar los ensambles hasta que no haya cortado los ingletes de los extremos de las esquinas. Márquelos con una línea de corte y siérrelos a cerca de 1,5 mm por la parte exterior de dicha línea, de manera que pueda montar en seco los ensambles y repasar a formón las colas y dientes donde sea preciso.

CONSTRUCCIÓN DEL TECHO DE LA TAPA Y EL FONDO DE LA CAJA

12 Corte el techo y el fondo con precisión, sin olvidarse del margen necesario para la lengüeta que encajará en las ranuras de los costados y para la solapa que montará encima de éstos. Marque ambas piezas exactamente y cepíllelas hasta dejarlas en su tamaño. Proceda a labrar las ranuras de sus bordes para hacer la lengüeta y la solapa.

13 El techo de la tapa tiene la superficie curvada, que debe elaborar ahora. Haga también el ángulo oblicuo de los laterales del techo y, si lo desea, ahueque con una gubia la cara interna. No es imprescindible, pero se suele hacer en las cajas pequeñas para reducir el peso de la tapa. ▲

14 Desmonte los costados y compruebe el ajuste de todas las piezas. Lije y aplique el acabado a todas las caras internas, pero no sin antes enmascarar con cinta adhesiva las superficies de encolado de las colas de milano. No se preocupe de enmascarar las ranuras, ya que no van a ir encoladas para permitir el movimiento de la madera del techo de la tapa y el fondo de la caja dentro de la estructura. ▼

11 Cuando le parezca que las colas de milano ajustan bien, corte definitivamente los ingletes. Ya tiene los cuatro costados de la caja montados en seco. ▲

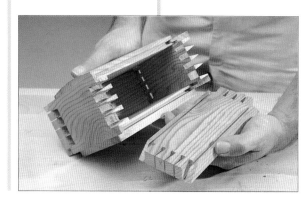

15 Encole los ensambles y monte la caja. Quite los tornillos de apriete o los sargentos cuando haya secado la cola. Cepille los costados en ángulo; esto contribuye a dar un aspecto más interesante a la caja, sobre todo por la aparente disminución de tamaño de las colas de milano.

16 Trace a gramil una línea de corte en los cuatro costados de la caja por el sitio donde quiera que se abra la tapa. ▼

17 Sierre por la línea para separar la tapa del resto de la caja. ▲

18 Cepille los bordes serrados hasta que la tapa ajuste perfectamente. ▼

MARCADO DEL REVESTIMIENTO INTERIOR DE LA CAJA

19 Las tablillas de madera que revisten el interior de la caja van cortadas a inglete en las esquinas. Hay que cepillarlas con todo cuidado, pues tienen que ajustar muy bien, pero al mismo tiempo no deben arquearse por la tensión al introducirlas. Por último, aplique el acabado a la caja. ▼

20 En el protitipo la tapa se cierra simplemente a presión, pero si lo desea póngale bisagras.

21 He aquí la caja terminada, con tapaporos y encerada para resaltar el veteado. ▶

INFORMACIÓN COMPLEMENTARIA	
70	Sujeción y prensado
71	Cómo aplicar los acabados

CAJA CHAPEADA

1 Compre la chapa y un trozo de contrachapado de 10 mm de grosor. Marque y corte las piezas: dos cuadrados, correspondientes al techo y el fondo de la caja, y una pieza larga a partir de la cual cortará más tarde los cuatro costados.

3 Lá tira de madera puede ser un poco más gruesa que el contrachapado, pero éste debe quedar completamente recto y plano al volver a unirlo. Cuando haya secado la cola, cepille la tira de madera hasta enrasarla con el contrachapado.

5 Cuando haya secado la cola, retire los tornillos de apriete o sargentos que haya empleado en el prensado, recorte la chapa que sobresale por los bordes, líjela y aplique el acabado a las superficies internas. ▲

6 Corte las seis piezas a su tamaño y únalas con un sencillo ensamble de solapa. Compruebe que la caja ajusta bien al montarla en seco. Aplique cola a las esquinas. ▼

7 Monte los cuatro laterales y clave unas puntas finas, de cabeza perdida, para reforzar el ensamblado. Ponga mucho cuidado para que las puntas no se desvíen y atraviesen la cara interna, saliendo al exterior. Una vez que las puntas aseguren cada pieza en su sitio, prense el conjunto en el tornillo de banco –o con sargentos– para dar el máximo de fuerza a las juntas. ▲

2 Si se limita a serrar sin más la tapa para separarla del resto de la caja, se verán en las caras del corte las capas del contrachapado. El aspecto mejorará mucho si al abrirla sólo se ve madera maciza. Por tanto, antes de elaborar los ensambles, corte en dos la pieza larga de los costados aproximadamente por donde quiera que se abra la tapa e intercale una tira de madera encolada. ▲

4 Corte los cuatro costados a partir de la pieza anterior. Ahora tiene que chapear las caras interiores de los costados, el techo y el fondo. Es una tarea sencilla de realizar si prensa las piezas entre dos planchas de madera bien rectas. Ponga siempre una hoja de polietileno entre la superficie externa de la chapa y la plancha correspondiente.

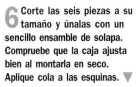

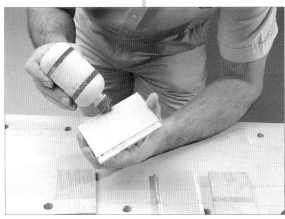

8 Compruebe que los cuatro costados de la caja están a escuadra. ▶

9 Antes de encolar el techo y el fondo, elimine el exceso de cola del interior. ▶

10 Encole y clave el techo y el fondo. Como ahora la caja está completamente cerrada, no podrá eliminar el sobrante de cola hasta más tarde. Sin embargo, dado que las superficies internas ya han recibido el acabado, no debería ser una labor difícil. ▼

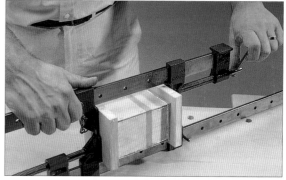

11 Embuta las cabezas de las puntas en la superficie del contrachapado con un martillo y un botador. ▶

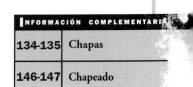

12 Cepille las seis caras exteriores, de manera que cada una quede bien plana y paralela a su opuesta. ▼

13 Dibuje a lápiz una gran T en el techo de la caja; de otro modo, luego no sabrá en cuál de los dos extremos está la tira de madera intercalada por donde debe separar la tapa del resto de la caja. Haga una plantilla o un dibujo para localizar exactamente la posición de la tira de madera.

14 Proceda a chapear las superficies exteriores. Hágalo en primer lugar con dos costados opuestos. ▼

15 Una vez encoladas las chapas y recubiertas con unas hojas de polietileno, meta la caja entre dos planchas de madera para no dañar la superficie y prénsela con tornillos de apriete. ▲

16 Cuando seque la cola, retire los tornillos de apriete y recorte toda la chapa sobrante, poniendo especial cuidado en las cuatro aristas largas.

17 Repita la operación descrita en los pasos 14, 15 y 16 con los otros dos costados de la caja. ▶

18 Marque ya una línea de corte por donde vaya a separar la tapa de la caja; si no lo hace así, una vez que chapee los extremos ocultará la T que dibujó. Proceda a chapear el techo y el fondo con el mismo sistema empleado en los costados; sea muy cuidadoso al recortar la chapa sobrante. Lije todas las superficies exteriores y aplique la primera capa de acabado.

19 Vuelva a señalar bien la línea de separación de la tapa y proceda a serrarla. ▼

20 Cepille con mucho cuidado los bordes recién cortados para que la tapa y la caja ajusten bien. ▲

21 La tapa se mantiene en su sitio gracias a unas clavijas embutidas en las cuatro esquinas. Marque en primer lugar la posición de las clavijas en la tapa por medio de unas puntas. ▼

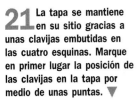

22 Utilice las puntas para transferir las marcas a la caja. Haga los taladros de la tapa y encole en ellos las clavijas; luego perfore los agujeros correspondientes en la caja. ▼

23 Compruebe que todo va bien y aplique el encerado definitivo. ▲

24 He aquí la caja acabada, con la cera bien pulida hasta sacar un brillo que enriquezca el color y el aspecto de la madera. ▼

INFORMACIÓN COMPLEMENTARIA	
24-25	Cepillado
26-27	Aserrado
71	Cómo aplicar los acabados
146-147	Chapeado

Chapeado

Uno de los aspectos más atractivos de la carpintería es trabajar con madera maciza. Sin embargo, algunas clases de madera son demasiado caras o tienen un grano inadecuado para trabajarlas de ese modo. Hay muchas especies exóticas que sólo se encuentran en forma de chapas. En la industria, las chapas se encolan en una prensa hidráulica cuyas platinas se calientan previamente. Los carpinteros tradicionales fabrican ellos mismos sus propias prensas de mano. En la técnica descrita en estas páginas aprenderá a colocar las hojas de chapa y a adherirlas con una simple prensa construida por usted. También se puede hacer a mano, utilizando cola animal, colocando la hoja y presionándola con un martillo de chapear especial. Es un procedimiento que requiere mucha pericia, por lo que sólo suele emplearse en restauración o en la fabricación de réplicas.

Los cubrecantos se utilizan para recubrir los bordes de un tablero que se va a chapear. Pueden ser de madera maciza o de chapa. Hay muchos modos de colocarlos: mediante un simple encolado a tope, con machihembrados, o por medio de lengüetas postizas.

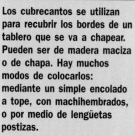

Encolado a tope

Machihembrado

Doble ranura y lengüeta postiza, o bien tacos planos

Cubrecantos

Chapas

Se puede chapear primero y regruesar después; se verá el cubrecantos en la superficie porque las chapas no llegarán hasta el borde.

Cubrecantos

Chapas

Por el contrario, se puede regruesar primero y chapear después las superficies, en cuyo caso el cubrecantos quedará oculto.

COLOCACIÓN Y PRENSADO DE LA CHAPA

1 Es necesario prepararlo todo con esmero. La superficie que va a chapear ha de estar limpia y uniforme. Si además la deja áspera arañándola ligeramente con los dientes de un serrucho, el adhesivo agarrará mejor. ▲

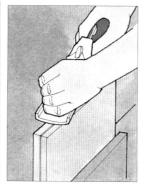

2 Si tiene que unir chapas para que cubran toda la superficie, debe hacer las junturas con mucha precisión: prense la chapa entre dos tableros o planchas y cepille los cantos bien rectos. ▲

3 Emplee cinta adhesiva de papel para mantener unidas las junturas. La cinta adhesiva corriente es demasiado gruesa, y la transparente, aunque resulta útil, muchas veces levanta la fibra al despegarla (a menos que sea de un tipo especial de poca adherencia). ▼

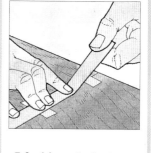

4 Se debe cortar la chapa a un tamaño un poco mayor del necesario, dejando un margen de aproximadamente 12 mm por todos los lados; marque a lápiz esta línea de corte. ▼

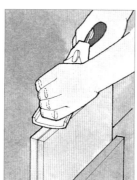

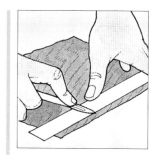

5 Haga el corte con un cuchillo de marcar bien afilado, deslizándolo por el borde de una regla biselada de acero, a unos 3 mm por fuera de las líneas a lápiz. Empiece primero a contrahílo, ya que si no lo hace así será más fácil que la chapa se raje. ▲

6 Si tiene que juntar varias hojas de chapa, únalas entre sí con cinta adhesiva antes de colocarlas sobre la pieza. ▲

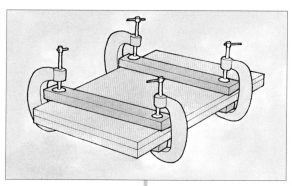

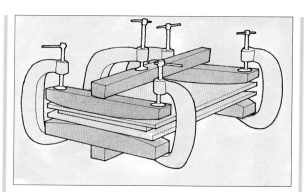

10 Coloque la chapa, alisándola suavemente con la mano. Luego haga presión con un rodillo limpio de los que se usan para empapelar paredes, trabajando desde el centro hacia los bordes. El secreto del chapeado consiste en lograr que el adhesivo corra desde el centro hacia fuera, evitando que queden atrapadas bolsas de aire. ▼

7 Para fabricar la prensa, corte dos planchas de madera –o bien de aglomerado, DM o un tablero de alma maciza– a un tamaño más grande que el de la pieza que va a chapear, y de al menos 25 mm de grosor. No emplee nunca planchas constituidas por tablas ensambladas. ▲

9 La elección del adhesivo es muy importante. Emplee cola blanca o cola de urea (derivada de resinas aminoplásticas de urea y formaldehído). Por regla general, no es recomendable utilizar cola de contacto para la madera natural; úsela sólo para pegar laminados plásticos o linóleo. Existen adhesivos especiales para las superficies metálicas, azulejos y mosaicos.

Sólo debe aplicar la cola en la superficie de la pieza, nunca en la chapa. Lo mejor es extenderla con un rodillo para dejar una película de espesor uniforme. ▼

12 Para trabajos de más envergadura, coloque por fuera de la prensa unos listones a los que previamente habrá hecho una ligera curvatura en la cara que está en contacto con las planchas. De este modo, al apretar los sargentos la presión empezará a ejercerse desde el centro de la pieza. ▲

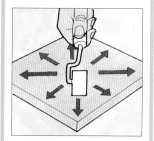

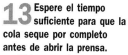

11 Unos sargentos grandes bastarán para prensar piezas de pequeño tamaño aunque, debido a la escasa profundidad del arco en la mayoría de estas herramientas, muchas veces no harán suficiente presión en la parte central de las planchas. ▼

13 Espere el tiempo suficiente para que la cola seque por completo antes de abrir la prensa.

Dicho espacio de tiempo dependerá del adhesivo empleado; a no ser que lleve algún tipo de endurecedor o catalizador, lo mejor es dejar la pieza en la prensa toda la noche. Mantenga la temperatura del taller a unos niveles razonables, entre 15,5 y 21 grados centígrados.

Recorte la chapa sobrante con un cuchillo de marcar bien afilado, quite la cinta adhesiva de papel con un poco de agua tibia y luego lije suavemente la chapa antes de aplicarle el acabado. ▶

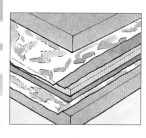

8 Es una buena idea dar tapaporos y cera a las superficies internas de la prensa de chapear, ya que algunas veces la cola atraviesa la chapa y se adhiere a la plancha. Por la misma razón, interponga siempre entre ambas una hoja de polietileno o de papel limpio. ▲

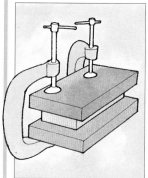

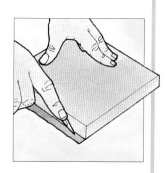

INFORMACIÓN COMPLEMENTARIA	
9	La seguridad es lo primero
70	Sujeción y prensado
134-135	Chapas

Instalación de bisagras

Hay gran cantidad de bisagras diferentes a disposición del carpintero. En la mayoría de los trabajos se precisan de buena calidad; las mejores son las planas de latón fundido macizo. La técnica que se describe aquí se refiere a la instalación de bisagras en una caja, pero en esencia se sigue el mismo procedimiento para colocarlas en las puertas.

Hay que decidir en qué lugar del borde van a ir. No las ponga muy cerca de los extremos, sino a una distancia de éstos aproximadamente igual a la longitud de la bisagra. En el caso de cajas grandes o de arcas, puede que se necesiten tres o más.

Tipos de bisagras

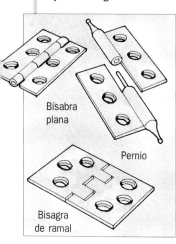

Bisabra
plana

Pernio

Bisagra
de ramal

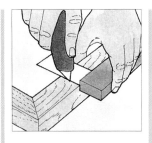

COLOCACIÓN DE LAS BISAGRAS

1 Mida a partir del extremo, ya sea en la caja o en la tapa, y haga una marca con el cuchillo. Proceda entonces a señalar con cuidado la longitud de la bisagra a partir de dicha marca. ▲

2 El centro del eje o clavija de la bisagra debería situarse justo en las aristas de la juntura; al hacer las marcas, tiene que asegurarse de que la bisagra queda exactamente en esa posición. ▲

3 A partir de las primeras marcas de situación, haga a escuadra líneas a lápiz tanto en el canto de la juntura como en la cara exterior. ▼

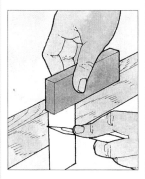

4 A continuación sujete entre sí la caja y la tapa, bien encaradas, y transfiera las marcas de una parte a la otra. Haga primero unas líneas a lápiz aproximadas para evitar que, sin querer, las líneas de corte desciendan demasiado por la cara exterior de la caja. ▼

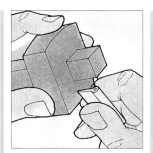

5 Gradúe la punta del gramil de marcar a la anchura exacta de la bisagra, tomando la medida desde el borde interno de la misma hasta el centro de la clavija. ▲

6 Trace a gramil las líneas que delimitan el ancho de las bisagras en los dos cantos de la juntura, apoyando en ambos casos el cabezal en la cara exterior de la caja. ▲

7 Gradúe el gramil al grosor de la bisagra, midiendo de la superficie al centro de la clavija. Apoyando luego el cabezal en cada canto de la juntura, trace en la cara exterior de caja y tapa las líneas que marcan la profundidad de los rebajos que hay que hacer para embutir las bisagras. ▼

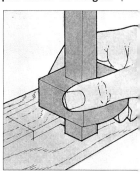

8 Fíjese en que el grosor de la bisagra disminuye desde la clavija hacia sus bordes exteriores. Por tanto, el rebajo que tiene que hacer en la madera debe tener un ligero declive. ▼

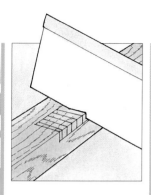

9 Para facilitar la extracción de la mayor parte de la madera sobrante, haga cuidadosamente una serie de cortes de sierra en ángulo entre las dos líneas efectuadas a gramil. ▲

10 Escoplee una serie de cortes al hilo siguiendo la línea trazada a gramil en el canto de la juntura; profundice sólo hasta el grosor de la bisagra. ▲

11 Desbaste a escoplo cuidadosamente la madera sobrante. Debería tener ahora un hueco en el que la bisagra ajusta a la perfección y que debe coincidir exactamente en la caja y en la tapa. ▼

12 Encaje la bisagra en el hueco y marque con exactitud el centro de uno de los orificios de los tornillos; taladre un agujero guía e inserte un tornillo de acero. ▼

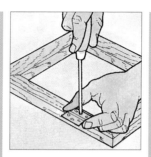

13 Embuta primero las bisagras en la tapa. A continuación, coloque ésta junto a la caja y bien encarada con ella; marque, taladre y atornille las bisagras en la posición adecuada utilizando un solo tornillo en cada hoja. ▲

14 Ahora podrá comprobar si la tapa abre y cierra como es debido; si necesita hacer algunos ajustes, podrá valerse de los orificios que no ha perforado aún para cambiar ligeramente la posición de las bisagras. Haga ahora los agujeros guía para el resto de los tornillos. ▲

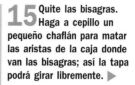

15 Quite las bisagras. Haga a cepillo un pequeño chaflán para matar las aristas de la caja donde van las bisagras; así la tapa podrá girar libremente. ▶

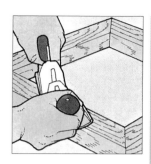

16 Inserte ahora tornillos de latón en todos los agujeros de las bisagras de la tapa. El aspecto final siempre mejora si las ranuras de las cabezas quedan paralelas. Para trabajos de calidad, alise las bisagras con un papel de lija muy fino y aplique después pulimento para latón.

En las bisagras de latón se emplean también tornillos del mismo metal, pero no se deben insertar nunca desde el principio; primero hay que abrir paso con uno de acero –de su misma longitud, diámetro y paso de rosca– para después sacarlo y atornillar el de latón. La razón es que este metal es blando, así que en maderas duras es fácil que se rompan las cabezas. Lubrique siempre los tornillos –y en especial los de latón– con vaselina, cera, cera de vela o jabón. ▶

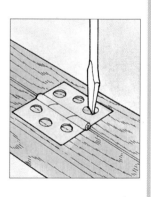

INFORMACIÓN COMPLEMENTARIA	
9	La seguridad es lo primero

Cajas

Las cajas y otros objetos pequeños le dan la oportunidad de probar muchas maderas exóticas diferentes que, por su escasez o su precio, son prohibitivas en otros proyectos más grandes.

Para trabajar en estas dimensiones hay que considerar de antemano, con mucho detenimiento, las proporciones de la pieza y la escala. Dibuje siempre los planos a tamaño real. Si va a emplear formas intrincadas, es preferible que haga primero una maqueta en cartulina.

Tiene que estudiar y elaborar la pieza con toda precisión, así que deténgase a meditar cada detalle estructural y decorativo que quiera introducir en el proyecto.

FABRICACIÓN DE CAJAS DE MADERA MACIZA

Las cajas pueden tener el tamaño que uno quiera e ir equipadas con bandejas o con compartimientos para clasificar objetos; en este último caso, es posible hacer las divisiones fijas o desmontables.

La tapa puede ser de quita y pon, o bien estar unida con bisagras de diversos modos; hay también muchas posibilidades en lo referente a mecanismos de cierre. Compre accesorios de buena calidad, aun cuando sean costosos. A veces lo barato sale caro: los herrajes de confección pobre seguramente le crearán problemas y echarán a perder la belleza de la obra. Los accesorios de latón macizo o fundido siempre son preferibles a los hechos por estampación o plegado.

Saque partido a las juntas de las esquinas empleando ensambles en cola de milano decorativos.

Si desea realzarlas, combine maderas de tonos distintos. La disposición y el tamaño de los dientes y las colas ya es una cuestión de gusto personal. Los dibujos a escala real le ayudarán a decidir el tipo que más le guste.

Diferentes enfoques

He aquí unos ejemplos para ilustrar las distintas posibilidades o usos de una caja: un joyero y un arcón para guardar mantas, así como una serie de modelos diferentes de colas de milano con fines decorativos. ▼ ▶

Un joyero debería tener cerradura y bisagras, y llevar algunas bandejas y compartimientos.

ROBERT INGHAM • *Joyero*
Este sobrio y bello joyero está soberbiamente construido en nogal inglés, con aplicaciones de nudo de fresno y tulípero. El modo en que está concebida la tapa es muy interesante. ▲

Los ensambles en cola de milano vista pueden seguir distintas pautas.

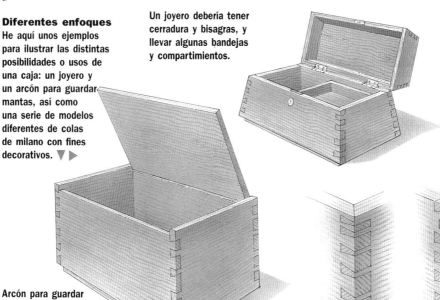

Arcón para guardar mantas, construido con tablas anchas.

ANDREW WHATELEY •
Caja expositora
El diseño en forma de concha nació de la necesidad de guardar y exhibir al mismo tiempo un juego de cucharas antiguas. El modo en que

encajan las dos valvas y la junta de charnela constituyen un alarde de precisión. La forma de la madera y el acabado están exquisitamente logrados. ▲

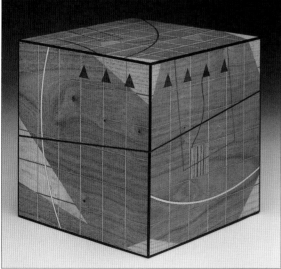

NIC PRYKE • *Caja chapeada*
El chapeado es interesante; su ejecución revela una gran pericia. El diseño de la

estructura de la caja, el modo en que está concebida, es un auténtico despliegue de imaginación y creatividad.

CAJAS DE CONTRACHAPADO

Empleando contrachapado y simples ensambles de solapa se pueden construir cajas de la forma que se desee. Este material es muy estable, relativamente barato, y se trabaja rápido y bien con herramientas eléctricas; sus únicas limitaciones vienen impuestas por el tiempo de que uno disponga y por la imaginación.

En los ensambles de solapa, el método de construcción queda oculto, de modo que las cajas de este tipo constituyen un campo de experimentación y adiestramiento ideal para el chapeado y la aplicación de acabados. Además de las chapas de maderas exóticas, las hay manufacturadas y teñidas. También puede emplear cenefas y adornos de incrustación.

Conciba cada caja como un todo; las maquetas de trabajo –que se construyen rápidamente con cartulina– le ayudarán mejor que los dibujos a hacerse una idea del posible éxito o fracaso de un diseño en particular.

Haga uso de las técnicas de laminado y curvado de la madera para realizar formas curvas e incluso círculos.

Forma rectangular

Forma cuadrada

Forma poligonal

Varíe las proporciones de los polígonos

Forma triangular y esbelta

Pirámide

Emplee chapas o laminados para crear curvas

Es posible combar chapas delgadas hasta formar una pieza curva

Las cajas circulares o elípticas, construidas con laminados o chapas gruesas, deben hacerse en dos mitades

Un ensamble de doble ranura y lengüeta postiza puede convertirse en un detalle muy decorativo

Emplee las técnicas de curvado y laminado para hacer cajas de diseño escultural

INFORMACIÓN COMPLEMENTARIA	
136-145	Módulo siete: Cajas decorativas

Sillón

Para obtener la forma de este sillón hay que emplear dos técnicas: el labrado de formas curvas, para hacer los travesaños de madera maciza, y el laminado, para las tablillas del respaldo. Puede comprar chapas estructurales ya preparadas para el laminado o cortarlas usted mismo.

El sillón ya es cómodo de por sí, pero si lo desea póngale en el asiento un almohadón hecho a base de cuero o tela y relleno de plumas.

ELECCIÓN DE LA MADERA
Este diseño requiere el empleo de una madera de aspecto "robusto". Las de grano demasiado fino resultan menos apropiadas que el roble, el fresno, la teca, el haya o el olmo. El prototipo se hizo de cerezo. En lo que se refiere a las láminas del respaldo, su elección dependerá de si compra chapa estructural ya preparada –tendrá que escoger entre las opciones disponibles en el mercado– o de si decide cortarla y cepillarla usted mismo; en este caso no tendrá ninguna limitación.

ELEMENTOS NECESARIOS		
Nº	**Madera de sierra**	**Madera cepillada**
2	PATAS TRASERAS 838 × 50 × 50 mm	787 × 45 × 45 mm
2	PATAS TRASERAS 560 × 50 × 50 mm	508 × 45 × 45 mm
3	TRAVESAÑOS CURVOS 610 × 75 × 60 mm	572 × 75 × 30 mm (en curva)
2 2	TRAVESAÑOS RECTOS Y BRAZOS 686 × 75 × 30 mm	660 × 75 × 25 mm
7	TABLILLAS DEL ASIENTO 533 × 57 × 20 mm	desde 521 × 50 × 14 mm
6	TABLILLAS DEL RESPALDO 762 × 50 × 12 mm	

Cada una se construirá por laminado a partir de ocho chapas de 762 × 50 × 1,5 mm

+ Para el molde de laminado: madera blanda de aproximadamente 762 × 150 × 60 mm; un pliego grande de papel corriente –o de papel cuadriculado– para dibujar a escala real las tablillas del respaldo; polietileno; tornillos; cola

PLANOS

Los dibujos de esta página y de la siguiente muestran los diferentes alzados y secciones junto con una perspectiva del mueble "desmontado".

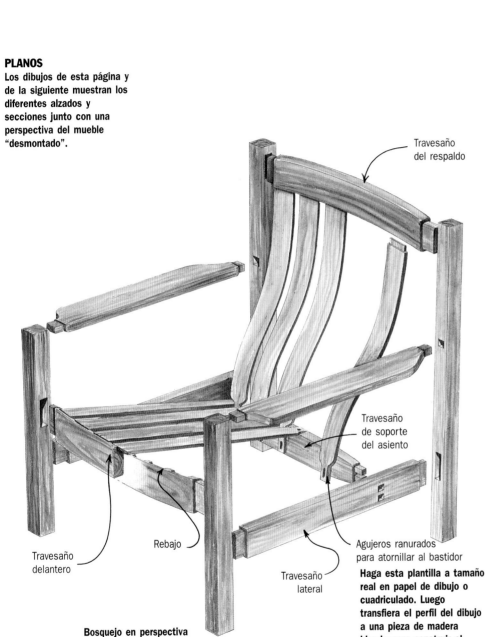

Travesaño del respaldo

Travesaño de soporte del asiento

Travesaño delantero

Rebajo

Travesaño lateral

Agujeros ranurados para atornillar al bastidor

Bosquejo en perspectiva del mueble "desmontado"

Haga esta plantilla a tamaño real en papel de dibujo o cuadriculado. Luego transfiera el perfil del dibujo a una pieza de madera blanda para construir el molde de laminado. Cada cuadrícula del dibujo equivale a 25 mm en la realidad.

Plantilla para construir las tablillas laminadas

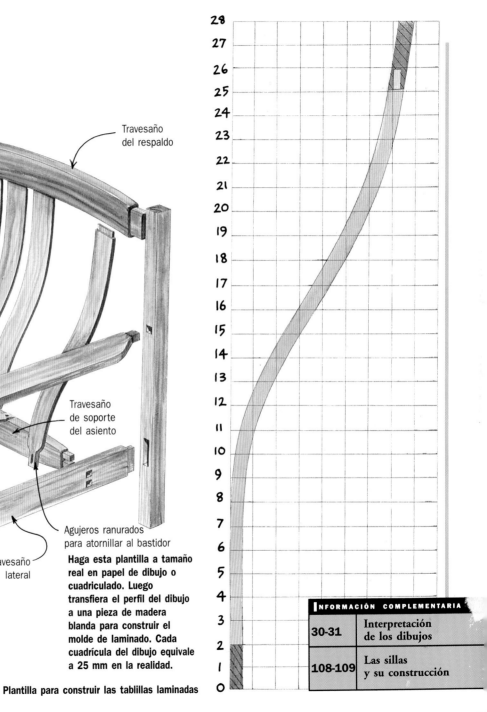

INFORMACIÓN COMPLEMENTARIA	
30-31	Interpretación de los dibujos
108-109	Las sillas y su construcción

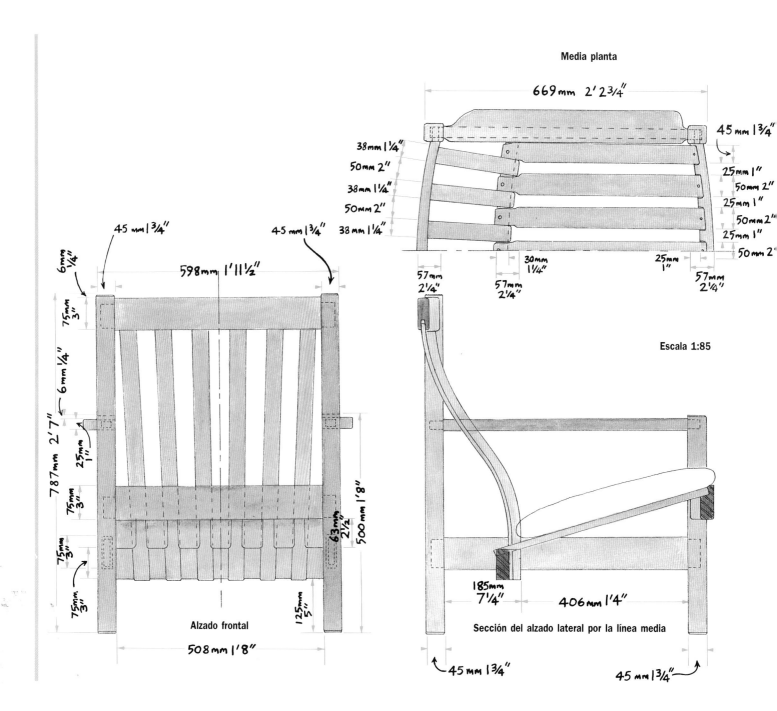

Media planta

669mm 2'2¾"

45 mm 1¾"

38mm 1¼"
50mm 2"
38mm 1¼"
50mm 2"
38mm 1¼"

25mm 1"
50mm 2"
25mm 1"
50mm 2"
25mm 1"
50mm 2"

30mm 1¼"

57mm 2¼"
57mm 2¼"
25mm 1"
57mm 2¼"

Escala 1:85

45 mm 1¾"

45 mm 1¾"

6mm ¼"

75mm 3"

598mm 1'11½"

6mm ¼"

787mm 2'7"

25mm 1"

75mm 3"

75mm 3"

75mm 3"

Alzado frontal

508mm 1'8"

63mm 2½"

500mm 1'8"

125mm 5"

185mm 7¼"

406mm 1'4"

Sección del alzado lateral por la línea media

45 mm 1¾"

45 mm 1¾"

1 Obtenga la escuadría de todas las piezas (excepto las tablillas del respaldo) cepillando la cara y el canto vistos y dándoles la anchura y el grosor requeridos.

3 Marque las espigas en los extremos de los travesaños y brazos del sillón. Cada espiga de los travesaños laterales tiene cuatro espaldones. Marque en estos travesaños las cajas caladas que recibirán las dobles espigas pasantes del travesaño de soporte del asiento; dichas cajas están dispuestas perpendicularmente a cada travesaño lateral para dar más solidez al conjunto.

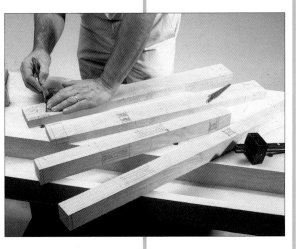

BASTIDORES LATERALES

2 Marque la longitud de las patas. Marque las posiciones de las cajas para los travesaños laterales y los brazos, así como las cajas para el travesaño delantero y el del respaldo. Todas las cajas de las patas son ciegas (es decir, que los extremos de las espigas no se ven). ▲

4 Compruebe las marcas y haga las líneas de corte con el cuchillo y el gramil. Recuerde que está construyendo un par de bastidores simétricos: izquierdo y derecho.

5 Corte las espigas y escoplee las cajas para ensamblar ambos bastidores; haga también las cajas correspondientes a los otros travesaños. Cuando haga las cajas caladas, marque y escoplee por las dos caras de la pieza. ▲

CURVAS DE LOS BRAZOS

6 Cada brazo está diseñado de tal modo que el canto interior queda enrasado con las caras internas de las patas, mientras el canto exterior sobresale. Para dar forma al extremo, taladre primero un agujero para hacer la curva interior y empiece luego a serrar desde dentro del agujero hacia fuera.

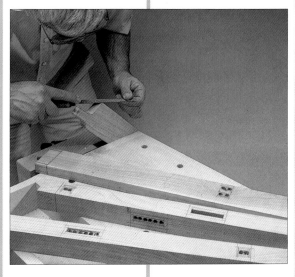

7 Termine de hacer la curva con escofinas, limas y papel de lija. Si lo desea, diseñe una curva más atrevida. ▲

INFORMACIÓN COMPLEMENTARIA	
44-46	Cómo hacer un ensamble de caja y espiga
164-165	Cómo dar forma a la madera

MONTAJE EN SECO

8 Monte ambos bastidores en seco y compruebe que están a escuadra, que no presentan alabeos y que los ensambles ajustan bien. Luego desmóntelos y lije las cuatro superficies de los brazos y los travesaños laterales y las dos caras interiores de cada pata. ▼

ENCOLADO, PRENSADO Y ACABADO

9 Encole los dos bastidores laterales, prénselos con tornillos de apriete y elimine el exceso de cola. Cuando ésta haya secado quite los tornillos, lije las estructuras y aplíqueles una capa de acabado, enmascarando antes con cinta adhesiva las superficies de encolado de las cajas para los travesaños delantero, del respaldo y de soporte del asiento.

TRAVESAÑO DELANTERO, TRAVESAÑO DEL RESPALDO Y TRAVESAÑO DE SOPORTE DEL ASIENTO

10 Aunque los tres travesaños se han tenido que cepillar por los cuatro costados, se les ha dejado un margen de grosor para poder cortar las curvas delantera y posterior. Marque la longitud de los travesaños por ambas caras y la longitud de las espigas.

11 Marque las curvas a lápiz. Basta con combar una regla de acero haciéndola coincidir con las marcas de los extremos y del punto medio. Es conveniente pedir ayuda a alguien: mientras uno sujeta la regla por los extremos, el otro lo hace por la mitad y traza la línea. ▶

12 Corte los tres travesaños hasta darles su longitud total, incluidas las espigas, y dibuje a lápiz éstas. ▼

13 Corte las curvas. Si sólo dispone de herramientas manuales, emplee una sierra de arco o una segueta, aunque con ellas el proceso será lento; es preferible utilizar una sierra de calar portátil o una de cinta. ▷

14 Estos tres travesaños tienen los cantos superior e inferior rectos, los extremos a escuadra con las espigas ya marcadas, y las caras exterior e interior curvas; estas últimas son las que hay que terminar ahora. Alise la cara externa con un cepillo excepto en los extremos, al lado de las espigas, que tendrá que desbastar a escoplo. Alise la superficie curva interna con un bastrén.

MARCADO Y CORTE DE LAS ESPIGAS Y LAS CAJAS DE LOS TRAVESAÑOS CURVOS

15 El travesaño del respaldo tiene en cada extremo una espiga sencilla que se introduce en la caja de la parte superior de cada pata trasera. Marque en el canto inferior las cajas que recibirán las seis tablillas del respaldo; compruebe todas las marcas, y sierre, desbaste y escoplee las espigas y las cajas. ▷

16 El travesaño delantero tiene una espiga sencilla en cada extremo para encajarlo en las patas delanteras. Marque y corte ahora dichas espigas. Posteriormente habrá que hacerle un bisel en el canto superior; se deja para más tarde porque es más fácil marcarlo cuando está montado en seco todo el armazón. También tendrá que llevar unos huecos o rebajos para alojar las tablillas del asiento, pero es mejor hacerlos cuando se puedan ya colocar las tablillas en abanico.

17 El travesaño de soporte del asiento lleva en los extremos dobles espigas pasantes que encajan en los travesaños laterales. Los espaldones de estas espigas son más largos que en los otros dos travesaños: el canto inferior de éste tiene que sobresalir un poco por debajo de los travesaños laterales, así que las espigas van pegadas al canto superior. Marque y corte ahora estas dobles espigas.

18 Ajuste todos estos ensambles, numérelos o señálelos con letras para distinguirlos, lije los travesaños y monte todo el armazón en seco. ▽

19 Con el metro de carpintero o una regla larga situada entre el travesaño delantero y el de soporte del asiento, calcule el bisel que necesita el primero de ellos. Márquelo a lápiz, quite el travesaño delantero y haga el bisel a cepillo. Vuelva a montar el travesaño en su sitio.

INFORMACIÓN COMPLEMENTARIA	
70	Sujeción y prensado
76-77	Herramientas eléctricas portátiles
164-165	Cómo dar forma a la madera

TABLILLAS LAMINADAS DEL ASIENTO

20 Haga el molde de laminado a partir de una pieza de madera. Reproduzca el dibujo del perfil de las tablillas a su tamaño. Emplee papel cuadriculado, o haga la cuadrícula; señale en ésta los puntos de intersección con las curvas del dibujo y únalos. Traslade este dibujo a la pieza de madera, centrándolo bien, y corte las curvas con una sierra de arco, una sierra de calar portátil o una sierra de cinta. Alise las superficies.

CHAPAS ESTRUCTURALES

21 Si compra chapas estructurales, escójalas de un grosor comprendido entre 1,5 y 3 mm. Como cada tablilla acabada debe tener 12 mm de grueso, el número de chapas dependerá del grosor de éstas. Cada chapa debe ser de 838 × 57 mm. Corte las tiras con una cuchilla, valiéndose de una regla de acero. ▼

22 Otro método alternativo, si dispone de la maquinaria adecuada, es cortar por sí mismo las chapas. Cepille una pieza de madera para que quede bien lisa, y de 838 × 57 mm, dejándola con un grosor suficiente para obtener todas las tiras. Corte una loncha de 57 mm de ancho y de más de 3 mm de espesor. Vuelva a cepillar la cara recién cortada de la pieza y corte otra tira; repita el proceso hasta obtener el número de tiras necesario. Las tiras tendrán los dos cantos y una cara cepillados, y la otra cara aserrada; páselas por la regruesadora para dejarlas de 3 mm de grosor. Construya una tabla de empuje para sujetar las delgadas tiras con seguridad.

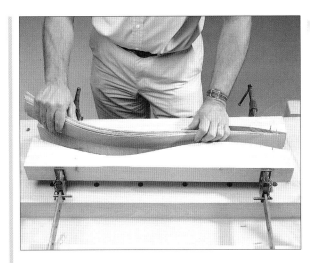

23 Si las chapas estructurales tienen 3 mm de grosor, necesitará cuatro para construir cada tablilla. Móntelas en seco en el molde para comprobar que al prensarlas se ajustan bien entre sí; si es necesario, corrija las superficies del molde. ▲

APLICACIÓN DEL ADHESIVO A LAS CHAPAS

24 El adhesivo debe ser lo suficientemente fuerte como para soportar bien la tensión del laminado, así que emplee cola de urea o una cola blanca fuerte. Aplíquela en todas las caras internas, acordándose de no encolar las dos que quedarán en el exterior de la tablilla; emplee un rodillo para cubrir bien la superficie. ▶

PRENSADO DE LAS CHAPAS EN EL MOLDE

25 Envuelva en polietileno el manojo de tiras encoladas para que no se peguen al molde cuando rezume el exceso de cola durante el prensado. ▼

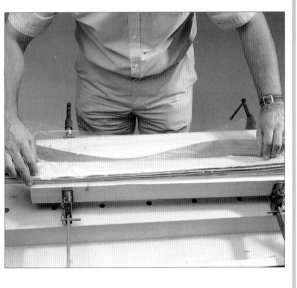

26 Coloque el paquete en el molde y tense los tornillos de apriete. Procure que las tiras permanezcan bien alineadas. Cuanto menos ordenado esté el conjunto, más tendrá que recortarlo después, y es posible que al final quede demasiado estrecho. ▶

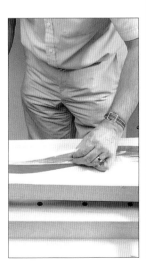

27 Para que la presión sea uniforme, emplee cinco tornillos de apriete: tres por debajo del molde y otros dos por encima de él, que colocará una vez tensados un poco los primeros. ▶

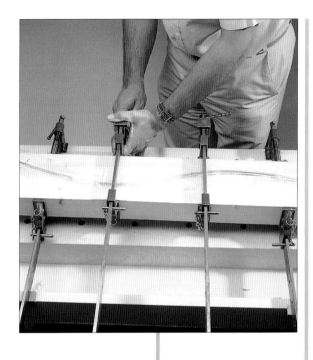

28 Cuando haya secado bien el adhesivo (déjelo secar todo el tiempo que sea necesario), saque el conjunto del molde. Debería programar el trabajo para repetir este proceso cada tarde de la semana; como hay únicamente un molde disponible, sólo podrá hacer un laminado cada vez y tendrá que dejarlo secar durante toda la noche. ▶

29 Cepille uno de los cantos del laminado utilizando el molde como soporte. ▲

30 Otro método alternativo es sujetar el laminado en el tornillo de banco. ▼

31 Marque la anchura de la tablilla con el gramil, apoyando el cabezal en el canto ya cepillado. ▲

32 Corte por el lado exterior de la línea trazada y cepille el canto. La tablilla ya está lista para ensamblarla al armazón. ▼

MONTAJE DE LAS TABLILLAS DEL RESPALDO EN EL ARMAZÓN

33 Haga las espigas del extremo superior de las tablillas, que irán embutidas en las cajas del canto inferior del travesaño del respaldo (paso 15).

Emplee el molde de laminado para marcar las líneas de todos estos espaldones. Si no coinciden en el lugar exacto y en el extremo adecuado, el superior, las curvas no quedarán alineadas después del montaje de las tablillas.

Sujete todas las tablillas juntas con tornillos de apriete para marcar las espigas, cortándolas después. Las líneas de los espaldones no tienen todavía el ángulo adecuado; lo marcará y cortará cuando disponga en abanico las tablillas en el armazón del sillón. ▲

34 Introduzca las espigas de las tablillas en sus correspondientes cajas del travesaño del respaldo. ▼

35 Marque la línea media en el travesaño de soporte del asiento. ▼

36 Coloque las dos tablillas centrales en su posición en abanico en dicho travesaño. Cuando haya obtenido la posición deseada, márquela a lápiz y sujete las tablillas con dos sargentos. ▼

37 Marque ahora a cuchillo las líneas de los espaldones de las dos tablillas. Sáquelas del armazón y desbaste a escoplo los espaldones ajustándose bien a la línea de corte. Ahora ambas tablillas podrán entrar del todo en sus cajas.

38 Hay que estrechar los extremos inferiores de las tablillas del respaldo en el punto donde se atornillan al travesaño de soporte del asiento para que encajen entre las tablillas de éste. Marque primero el estrechamiento en las dos centrales, coja la tablilla del asiento que irá encajada entre estas dos y marque también su propio estrechamiento. ▼

39 Para hacer la curva del estrechamiento en el canto de cada tablilla, taladre un agujero, corte la línea y luego repase la curva con un bastrén. ▼

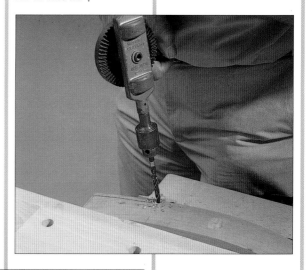

INFORMACIÓN COMPLEMENTARIA	
24-25	Cepillado
44-46	Cómo hacer un ensamble de caja y espiga
70	Sujeción y prensado
164-165	Cómo dar forma a la madera

41 Continúe ajustando el resto de las tablillas del respaldo: señale su posición en el travesaño de soporte del asiento y marque y corte los espaldones de las espigas. Ajuste éstas, estreche los extremos inferiores de las tablillas, haga las ranuras y atorníllelas en su sitio. Fíjese en que los ensambles de caja y espiga aún no se han encolado.

40 Perfore los agujeros de los tornillos. Si hace unas ranuras en vez de simples agujeros, permitirá que las tablillas tengan un pequeño margen de movimiento, evitando que las espigas superiores sufran tensiones excesivas cuando se siente en el sillón. ▼

MONTAJE DE LAS TABLILLAS DEL ASIENTO

42 Empezando por la tablilla central, estréchela por el extremo que irá atornillado al travesaño de soporte del asiento. Estreche el resto de las tablillas y colóquelas en su posición en abanico. Marque sus correspondientes huecos o rebajos en el travesaño delantero. ▶

43 Vuelva a extraer el travesaño delantero del armazón y labre los rebajos. Puede hacerlo manualmente, a serrucho y escoplo, o emplear una fresadora eléctrica portátil.

44 Monte otra vez el travesaño en el armazón y ajuste definitivamente las tablillas del asiento. Descubrirá que, debido a la curvatura de los travesaños delantero y de soporte del asiento, la parte de atrás de las tablillas no se apoya del todo, así que debe labrarla en ángulo. Haga los agujeros y atornille las tablillas. ▶

45 Marque la longitud de una tablilla y recórtela si es necesario para que ajuste perfectamente en el rebajo del travesaño delantero. Taladre el agujero correspondiente e introduzca el tornillo. Repita esta operación con todas. ▷

MONTAJE DEFINITIVO

46 Saque todos los tornillos, tablillas, etcétera, y lije todas las piezas (pero sin borrar las señales que identifican cada ensamble).

47 Encole las cajas de los bastidores laterales para los travesaños delantero, superior y de soporte del asiento. Monte el armazón y prénselo con tornillos de apriete. No se olvide de comprobar que queda a escuadra y de eliminar el exceso de cola. ▷

48 Una vez seca la cola, retire los tornillos de apriete y dé el lijado definitivo. Aplique el acabado al armazón, enmascarando con cinta adhesiva las cajas del travesaño correspondientes a las tablillas.

49 Enmascare las espigas superiores de las tablillas del respaldo y lije y aplique el acabado a todas las tablillas.

50 Monte las tablillas del respaldo, encolando los ensambles superiores y prensándolos para encajarlos. Atornille los extremos inferiores y quite los tornillos de apriete. Luego atornille en su sitio las tablillas del asiento.

51 Por último, compruebe que el acabado ha quedado bien. Aplique una capa de cera si es necesario.

52 He aquí el sillón terminado: un mueble cómodo y elegante. ▼

Cómo dar forma a la madera

Gran parte de los trabajos de carpintería están basados en la línea recta, como en el caso de los armarios y estanterías que se han visto en este libro. La confección de curvas y el recortado y labrado de piezas de forma compleja en madera maciza requieren el empleo de otras técnicas distintas, y constituyen una faceta muy gratificante de esta artesanía.

Las técnicas que se explican aquí suelen usarse en la fabricación de sillas; se ha elegido como ejemplo una pata cabriolé, una forma de antigua tradición que se encuentra tanto en sillas y mesas antiguas como en réplicas más modernas. Estas mismas técnicas se utilizan ampliamente en la escultura y en la talla de la madera para obtener formas complejas.

Es esencial hacer dibujos detallados previos. Para las formas más complicadas haga un boceto o maqueta, o un prototipo, con un material fácil de trabajar –como la madera de balsa, el poliestireno o el yeso blanco– para poder ver la forma desde todos los ángulos y trabajar sobre seguro.

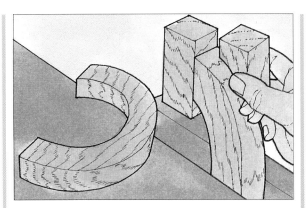

CORTE DE CURVAS

Las piezas curvas obtenidas por simple aserrado no siempre siguen la dirección del grano, por lo que a veces quedan zonas de "fibra corta" en las que la madera es más endeble y propensa a partirse. Téngalo siempre en mente cuando diseñe un proyecto. En ocasiones, para soslayar el problema, no hay más remedio que fijar una pieza adicional de madera con cola, tornillos o clavijas con objeto de reforzar dichas zonas. ▲

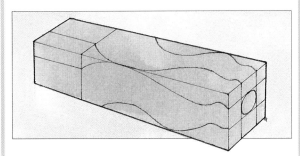

ASERRADO DE PIEZAS COMPLEJAS

1 La pata cabriolé tiene una forma intrincada, especialmente al contemplarla en tres dimensiones. Es imprescindible partir de unos dibujos y una planificación rigurosos. Dibuje primero la forma en una cara de la madera, luego en otra consecutiva y, por último, en los extremos. ▲

2 La mejor herramienta para efectuar los primeros cortes es la sierra de cinta, pero también puede emplearse una sierra de calar portátil, una sierra de arco o una segueta. ▼

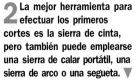

3 El propósito fundamental de esta secuencia de corte es procurar que la pieza siga siendo un bloque a escuadra todo el tiempo posible, con objeto de eliminar la mayor cantidad de madera que se pueda por medio de la sierra de cinta o la de calar, trabajando con más seguridad y precisión. ▼

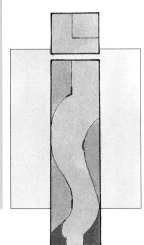

4 Haga a mano los últimos cortes con una segueta para eliminar el grueso del material sobrante. ▶

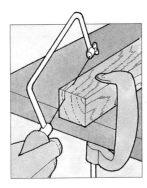

5 Empiece a labrar la curva convexa con un bastrén. Trabaje al hilo y hacia adelante, girando la pieza en el tornillo de banco para poder hacerlo siempre en el sentido de la fibra y más o menos horizontalmente. Cuando las curvas externas resulten demasiado cerradas para el bastrén, emplee un formón. ▶

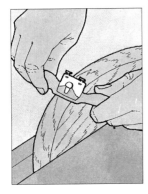

6 Utilice un bastrén de base convexa para suavizar las curvas internas (cóncavas). Como en el paso anterior, trabaje siempre al hilo de la madera. Cuando no pueda emplear el bastrén, use una gubia. ▶

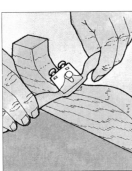

7 Para hacer formas curvas aún más complejas use escofinas, el equivalente de las limas en carpintería. Las escofinas curvas están provistas de dos pequeñas cabezas dentadas en los extremos. Gracias a su forma, son capaces de labrar la madera en rincones de difícil acceso a los que otras herramientas no llegan. ▼

8 Resumiendo, labre la pieza con distintas herramientas –sierras, bastrenes, escoplos, gubias, escofinas, etcétera– hasta conseguir terminar la forma lo suficiente como para pasar a afinarla con papel de lija; emplee grados decrecientes hasta que la superficie esté bien suave. Construya tacos de lijar de formas y secciones diferentes utilizando clavijas, tubos, listones y trozos de madera sobrante para adaptarse al contorno de la pieza. ▼

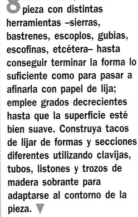

OTRAS HERRAMIENTAS

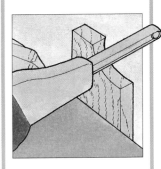

Las limas Surform tienen un dentado áspero como las escofinas, pero desbrozan el material con más rapidez. A veces resultan demasiado bastas para los trabajos de carpintería, pero son muy útiles para labrar modelos y maquetas a escala en otros materiales distintos de la madera. ▲

La cuchilla de desbastar es una herramienta ancestral de carpintería que se emplea para el labrado rápido de la forma de las piezas antes de afinarlas con el bastrén. La hoja está biselada por una cara y el corte se realiza al hilo tirando de la herramienta. Para trabajar curvas convexas ponga el bisel hacia arriba, y hacia abajo para las cóncavas. ▲

Hay también lijadoras eléctricas de cinta, con un brazo muy estrecho, que desbrozan la madera con gran rapidez. Resultan más útiles en las primeras etapas del proceso de labrado. ▼

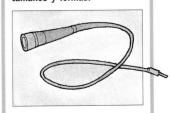

Se puede acoplar a la taladradora un accesorio con un eje flexible de transmisión, y un mandril en el extremo, en el que se pueden acoplar fresas de distintos tipos, tamaños y formas.

INFORMACIÓN COMPLEMENTARIA	
9	La seguridad es lo primero
50-53	Herramientas manuales especializadas
76-77	Herramientas eléctricas portátiles
92-93	Maquinaria eléctrica

Curvado y laminado

No siempre es posible dar forma a las piezas cortando simplemente la madera maciza, ya que se produciría un acortamiento de la fibra en algunas zonas, lo que haría que fuesen quebradizas.

Las técnicas de curvado y laminado en un taller casero generalmente se ven limitadas a confeccionar piezas curvadas en un solo plano. Para hacer al vapor piezas de formas curvas alabeadas y fabricar tableros de doble curvatura se precisa maquinaria industrial especializada.

A continuación se explican algunos métodos para crear curvas sencillas en un solo plano.

TÉCNICA DE ENLADRILLADO

Es un método tradicional muy empleado para la construcción de travesaños ondulados o de frentes de cajón curvos. A menudo, una vez terminado, el conjunto se recubre con chapa.

El sistema es bastante parecido a la construcción de una pared de ladrillo, sólo que en este caso los "ladrillos" son piezas curvas de madera que se encolan entre sí. Es fundamental hacer previamente un dibujo a escala real de la forma que se pretende obtener.

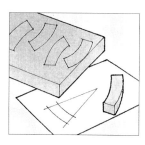

A partir de él es posible decidir la mejor manera de disponer las hiladas para que la estructura sea sólida. ▲

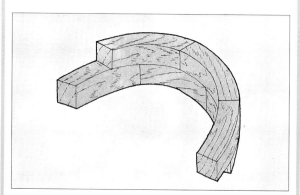

1 Haga una plantilla de cartón con la forma del "ladrillo". Construya la curva colocando una hilada cada vez y esperando a que seque la cola antes de poner la siguiente. ▲

2 Una vez conseguida la altura necesaria, iguale y afine las superficies con la ayuda de cepillos y bastrenes. ▶

CURVADO POR ENTALLADURAS

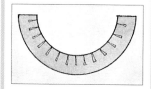

Se trata de un método para curvar en seco piezas planas de madera maciza o de tableros manufacturados. Está basado en la realización de una serie de cortes o entalladuras, a una profundidad determinada, en una cara de la pieza; al haber perdido parte del material, se puede curvar hasta que se unen los bordes de las entalladuras. ▲

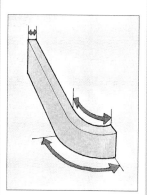

1 Para aplicar este método se requiere hacer cálculos muy minuciosos a partir de un dibujo a tamaño real. Hay que conocer exactamente el ancho de las entalladuras y calcular la distancia que debe haber entre ellas para conseguir la curva deseada. ▲

2 Para calcular el espaciado de las entalladuras, marque el punto donde debe empezar la curva y haga ahí el primer corte, dejando como mínimo 3 mm de madera sin serrar. A partir de este punto, mida y marque el radio de curvatura. ▲

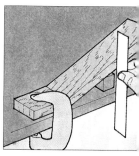

3 Sujete con un sargento el extremo donde practicó el corte y levante el otro hasta que se cierre la entalladura, calzándolo para mantenerlo en esa posición. Mida la distancia entre el banco y la cara inferior de la madera en el punto donde marcó el radio de curvatura: es la separación entre las entalladuras. ▲

4 El aserrado con una sierra de disco de cabezal móvil es bastante preciso, pero dejará unas entalladuras muy anchas a menos que emplee una hoja delgada. En cualquier caso, lo mejor es señalar a lápiz la distancia entre entalladuras en la propia guía de la máquina. ▶

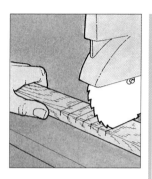

5 Otro método alternativo es utilizar un listón de madera como guía, sujeto con sargentos a la pieza, y aserrar las entalladuras a mano; sin embargo, supone un esfuerzo considerable. También se pueden cortar con una sierra circular portátil pero, como en el caso de la sierra de disco de cabezal móvil, tendrá que usar una hoja delgada. ▶

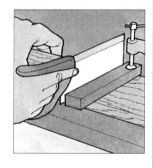

6 Necesitará unos moldes para curvar la pieza en torno a ellos. El procedimiento en sí no rinde resultados muy sólidos, ya que sólo se encolan los bordes de las entalladuras; hay que rellenar las cavidades con un tapagrietas o una pasta especial. Puede reforzarse la pieza encolando una chapa delgada a la superficie que lleva las entalladuras. ▶

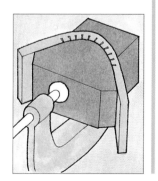

CURVADO DE MADERA MACIZA

Esta técnica tradicional es la empleada por los ebanistas que fabricaban las sillas Windsor en los hayedos ingleses de High Wycombe.

El principio básico es que la madera se curva más fácilmente cuando está húmeda (por ejemplo, antes de su proceso de desecación), de modo que si se la somete a la acción del vapor se vuelve flexible otra vez.

Es posible aplicar esta técnica en un taller casero, pero hay que dedicar mucho trabajo a la preparación del equipo de curvado y los moldes.

El curvado al vapor presupone necesariamente el sistema de tanteo, hacer muchas pruebas y cometer muchos errores: tiene más de arte que de ciencia. Considérelo un medio de aprendizaje y experimentación más que como un método para curvar la madera.

1 Fabrique una sencilla cámara de vaporización con un tubo o cañería grande –ya sea de plástico, metal o cerámica– que pueda aislarse del exterior. Construya unos tapones en forma de conos truncados –como los bitoques de los barriles– para cerrar herméticamente ambos extremos. Haga un orificio en uno de ellos para introducir un tubo de goma, que conectará al generador de vapor, y perfore también el otro para permitir la salida del agua de condensación; por tanto, la cámara deberá estar levemente inclinada. ▲

2 Agénciese un recipiente adecuado –un bidón metálico o una olla exprés– y suéldele una espita a la que pueda conectar el tubo de alimentación. Coloque el generador sobre una fuente de calor. ▲

3 Apile dentro de la cámara las piezas de madera que va a curvar, separándolas para que el vapor circule bien a su alrededor. Se requiere una hora de vaporización por cada 25 mm de grosor de la madera. ▶

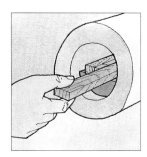

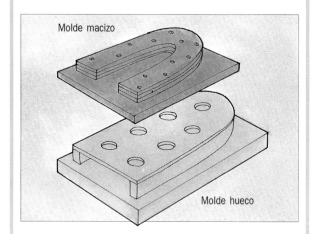

Molde macizo

Molde hueco

4 Para el proceso de curvado hacen falta un molde y un fleje metálico. Construya el molde con DM o aglomerado. Debe ser lo suficientemente fuerte como para aguantar el prensado mientras seca la madera, y debe disponer de algún tipo de hueco en la parte interior de la curva para alojar los sargentos. ▲

5 El fleje metálico –que hace las veces de "molde" exterior– consiste en una banda flexible de acero provista de unas empuñaduras y unos topes de madera dura; cada extremo de la banda está sujeto entre la empuñadura y el tope por medio de unos pernos. La distancia entre los topes debe ser igual a la de la madera que se va a curvar. ▶

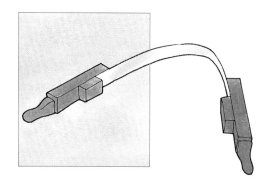

6 Una vez que la madera se ha sometido a la acción del vapor, hay que actuar con rapidez. Es necesario usar guantes gruesos para prevenir posibles escaldaduras; se abraza la pieza con el fleje y se la fuerza a curvarse en torno al molde. ▶

7 A continuación se sujeta la pieza con sargentos y tornillos de apriete y se la deja durante varios días en el molde. Si tiene que volver a utilizarlo, suelte la pieza al día siguiente y déjela secar fuera del molde, pero tendrá que atar entre sí los extremos para impedir que vuelvan a su posición original. ▶

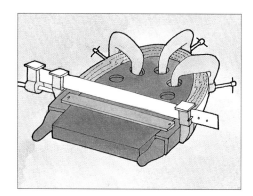

LAMINADO

En este procedimiento, la madera se corta en tiras o chapas delgadas que luego se encolan y prensan dentro de unos moldes macho y hembra para darles la forma requerida.

En el laminado se emplean mucho las denominadas chapas estructurales, unas chapas gruesas –generalmente de haya– que se venden ya preparadas. La dirección del grano es longitudinal en todas las capas, en lugar de alternarlas como en el contrachapado.

También puede hacer uno mismo sus propias chapas a partir de una pieza de madera maciza, pero se desperdicia mucho material en el proceso de aserrado, a veces incluso la misma cantidad que se utiliza. Sea muy cuidadoso y observe escrupulosamente todas las medidas de seguridad si decide seguir este método. Necesitará también una regruesadora para cepillar las tiras y reducirlas al grosor requerido.

La técnica del laminado no es difícil, pero es esencial dibujar con precisión la forma a tamaño real y, cuando tenga varias curvas, planificar cuidadosamente el procedimiento de prensado; a veces los moldes deben tener más de dos partes para acomodarse a las curvas.

1 Construya los moldes con tableros manufacturados, por ejemplo con aglomerado o DM. Marque la forma cuidadosamente, teniendo en cuenta el grosor de las chapas. Cerciórese de que las curvas están bien realizadas y repase a fondo las superficies internas de los moldes. ▲

2 Tanto el molde como las chapas deben ser más anchos que la pieza laminada que va a construir, con objeto de dejar un margen para repasarla. Córtelas al hilo empleando un cuchillo y una regla de acero. También puede poner en la superficie una chapa decorativa. ▲

3 Haga siempre una prueba previa, curvando y prensando las chapas en seco, para encontrar la posición más adecuada de los sargentos y comprobar que todas ajustan bien. ▼

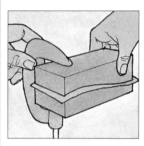

4 Emplee un adhesivo sintético, preferiblemente cola de urea. Envuelva las chapas en polietileno para impedir que se peguen al molde. Meta en éste el paquete, tense los sargentos o tornillos de apriete desde el centro hacia fuera, y déjelo secar. Para terminar, cepille el canto visto, marque a gramil la anchura de la pieza laminada y recorte y cepille el otro canto. ▼

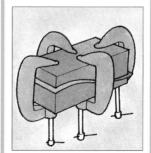

OBTENCIÓN DE CURVAS ALABEADAS POR LAMINADO

El principio es similar al del método anterior, pero en este caso no se utilizan moldes.

Para obtener la curva deseada, empiece a partir de una única chapa. Construya una serie de tacos resistentes –tacos de apoyo– a los que sujetará la chapa con sargentos para mantenerla en la posición adecuada.

Cuando esté seguro de que los tacos están dispuestos como es debido para obtener dicha curva, marque en ellos a lápiz la posición de la pieza.

Encole las chapas (para mantenerlas unidas le resultarán útiles unas tiras de caucho, por ejemplo recortadas de la cámara de una rueda de bicicleta) y prénselas con sargentos a los tacos de apoyo. ▼

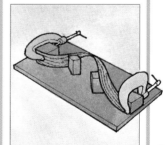

LAMINADOS DE GRAN TAMAÑO

En este procedimiento, se emplean grandes hojas de chapa. A veces algunas de las capas se disponen con la fibra en dirección transversal a las demás, como en el contrachapado, para dar más fuerza al conjunto.

Este método se usa principalmente para la producción en serie. Es posible realizarlo en un taller casero, pero el esfuerzo de hacer todos los moldes necesarios sólo merecerá la pena si tiene que construir varias piezas idénticas.

Sillones

La ergonomía de un sillón, el modo en que se relaciona con el cuerpo humano, es más compleja que en una silla de respaldo vertical. La dificultad que entraña el diseño de un sillón cómodo y funcional constituye un auténtico reto que los diseñadores de muebles han abordado de muy diferentes formas.

La evolución del diseño de las sillas en el siglo XX demuestra de forma palpable la relación existente con el progreso alcanzado en otros campos, por ejemplo la arquitectura y el diseño de muebles en general. También influye el empleo de nuevos materiales –el metal y el plástico– y el desarrollo de técnicas como el laminado.

Incluso utilizando madera natural y técnicas tradicionales, las posibilidades son aparentemente ilimitadas. Mientras algunos modelos pasan pronto de moda, otros se convierten en clásicos intemporales.

EL ASIENTO Y EL RELAX

El respaldo puede tener casi cualquier inclinación, desde un ángulo de cerca de 90 grados hasta prácticamente la horizontal. Recuerde que, para estar cómodo, la cabeza necesita apoyo; por lo tanto, si el respaldo se inclina demasiado debe prolongarse para sujetar la cabeza. De lo contrario, los músculos del cuello se resentirían.

El asiento, por la parte delantera, admite una amplia gama de alturas. No obstante, conviene recordar que en los asientos bajos las personas mayores y los enfermos tienen más dificultades para levantarse.

Si diseña una tumbona o una butaca con escabel, en la que descansan la parte inferior de las piernas y los pies, hay que tener en cuenta que también rigen los mismos principios expuestos en el caso anterior.

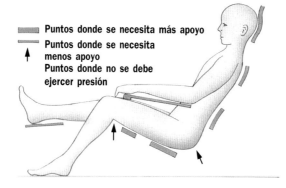

■ Puntos donde se necesita más apoyo
— Puntos donde se necesita menos apoyo
↑ Puntos donde no se debe ejercer presión

Relación entre la pendiente del asiento y la profundidad
Si un asiento es plano, debe ser profundo y blando para evitar que la persona se deslice. ▶

Si el asiento es elástico, el peso del propio cuerpo hace que se incline. ▶

ALVAR AALTO • *Sillón Paimio*
Este sillón sigue teniendo un aspecto muy actual. Es el resultado de la sinergia que a veces se produce entre un gran diseñador y el desarrollo tecnológico. Aalto utiliza las técnicas de laminado en muchos de sus diseños.

Éste es uno de los primeros modelos en los que se utilizó la flexibilidad natural del laminado –tanto en el asiento como en el respaldo, que están hechos de una pieza– para proporcionar comodidad sin necesidad de tapicería mullida. ▲

Un asiento con mucha pendiente puede ser poco profundo, ya que el cuerpo se mantiene sujeto y necesita un mínimo de elasticidad como sostén. ▶

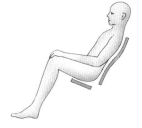

Una fórmula aproximada para relacionar la pendiente del asiento con su profundidad sería:
Si R = 0 (horizontal),
D = 61 cm
Si R = 13 cm,
D = 51 cm. ▶

JUDITH AMES •

Mecedora para meditar
Un mueble moderno que, sin embargo, es una variante intemporal de la clásica mecedora. El color de la madera y la forma de la estructura en conjunto crean una imagen muy elegante que se complementa y realza gracias a las tablillas del respaldo y a la curvatura y longitud de los balancines. ▼

MARCEL BREUER •

Tumbona Isokon
Breuer fue un gran innovador del diseño, primero como estudiante y luego como miembro de la Escuela de Diseño Bauhaus de Alemania durante los años veinte y treinta. Cuando se vio obligado a abandonar el país, se trasladó a Gran Bretaña, donde, antes de instalarse en Estados Unidos, produjo diseños memorables como el de la fotografía, una *chaise-longue* de estructura laminada. ◀

CHARLES EAMES • *Butaca y escabel 670*

Esta butaca es un verdadero clásico del diseño. Aunque muy actual, encaja bien en interiores de cualquier época y estilo. La combinación de los soportes de aluminio, los laminados de palisandro y el cuero negro de la tapicería proporcionan una gran comodidad y elegancia. Es una de las obras de arte del diseño de sillones del siglo xx. ▶

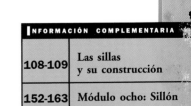

Tamaño de los sillones

Las dimensiones óptimas que se proporcionan aquí están pensadas para adultos de altura y complexión media. ▶

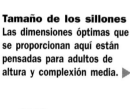

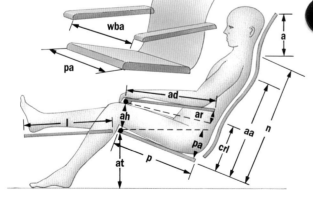

a = 25-40 cm
at = 39,4-43,2 cm
p = 61-51 cm
pa = 0-15 cm
crl (centro de la región lumbar) = 20 cm
aa = 51 cm
n = 56 cm
a = 20 cm
ad = 30 cm
ah = 10 cm
ar = 0-5 cm

l = 56 cm
pa = 46-61 cm
wba (ancho entre brazos) = 51 cm como mínimo

Índice alfabético

Agradecimientos

Quarto desea dar las gracias a todos los fabricantes y creadores de muebles que tan amablemente nos han permitido incluir sus obras en este libro.

También agradecemos a las siguientes personas y empresas su permiso para reproducir material sujeto a derechos de autor: página 31, revista *Good Woodworking*; páginas 90 y 91 (Robert Venturi), Knoll International; páginas 120 y 121 (Hans Wegner), PP Mobler APS, Dinamarca; página 151 (Andrew Whateley), fotografía de Frank Thurston; página 170 (Alvar Aalto), Artek, Helsinki; página 171 (Charles Eames), fabricado por Windmill Furniture, Londres.

Además, Quarto desea expresar también su especial agradecimiento al Axminster Power Tool Centre (Chard Street, Axminster, Devon, Reino Unido) por poner tan amablemente a nuestra disposición las herramientas y el equipo que aparecen en este libro.

AGRADECIMIENTOS DEL AUTOR

Después de escribir este libro soy consciente de la deuda contraída con los muchos carpinteros que he conocido, fundamentalmente por el apoyo que me han brindado. En especial, doy las gracias a mi esposa Raye y a la editorial Quarto por el aliento y la ayuda que me han prestado. Después de ejercer este oficio durante más de treinta años, así como la enseñanza de sus técnicas y del diseño, no olvido tampoco a mis muchos colegas y amigos. El mundo de los artesanos del mueble está lleno de personas interesantes que disfrutan diseñando y construyendo bellas piezas que, por sí solas, constituyen un verdadero deleite para sus destinatarios: agradezco profundamente su influencia. He enseñado en muchas instituciones diferentes, así que también doy las gracias a mis colegas por su interés y apoyo. Me siento muy afortunado por haber conocido a tantos estudiantes de diseño y ebanistería; me ha proporcionado un gran placer verlos progresar y aplicar los conocimientos adquiridos, en especial los alumnos del Rycotewood College y de la Escuela de Arquitectura de la Oxford Brookes University. Deseo expresar también mi agradecimiento al equipo docente y a los estudiantes del Furniture College de Letterfrack, Galway, en la región de Connemara (Irlanda), y muy especialmente al graduado Joe Friel, que me ayudó a construir los prototipos.